Reiner Praschag

Landschildkröten

Mit einem Beitrag von
Rechtsanwalt Dietrich Rössel

2. Auflage
54 Farbfotos
10 Zeichnungen

Ulmer

Vorwort

In unserer Zeit, in der die Vernichtung natürlicher Primärstrukturen scheinbar unaufhaltsam voranschreitet, bedeutet die Haltung von Wildtieren eine Aufgabe und Herausforderung, die uns auch Verantwortung auferlegt. Nicht nur für die Gesundheit und das Gedeihen der Landschildkröten in unserer Obhut, sondern auch für die Aufgabe, Kinder im erforderlichen Abstand am Pflege- und Lernprozess teilhaben zu lassen, unsere Erkenntnisse an andere weiterzugeben und interessante Beobachtungen zu veröffentlichen. Die Erhaltungszucht allerdings sollte den Erfahrenen in Zusammenarbeit mit der Wissenschaft und den Behörden vorbehalten sein. Man weiß nicht, wie lange Wildtiere auch bei guter Pflege in unseren Heimen noch gehalten werden dürfen.

Dieses Buch wendet sich nicht so sehr an jene, die eine Landschildkröte als Lebensbegleiter, als Kamerad oder als Spielzeug für Kinder suchen. Dafür sind diese Wildtiere kaum geeignet. Sie sind weder in der Lage, Liebe und Zuneigung im menschlichen Sinn zu genießen, noch diese zu erwidern.

Dieses Buch wendet sich vielmehr an jene, die Landschildkröten als Wildtiere würdigen und auch in ihrem Heim erhalten wollen. Also an jene Menschen, die die Tiere nicht umstellen oder sie etwas lehren, sondern die mit viel Interesse, Geduld und Zeitaufwand Elemente und Zusammenhänge ihres in vielen Jahrmillionen entwickelten Verhaltens erfahren, verstehen und deuten wollen. Und an jene, die sie ihr angestammtes Wildleben auch in ihrer Obhut so weit wie möglich ausleben lassen wollen. Dazu ist zu Hause ein geeigneter Lebensraum nötig, der die richtige Größe, Gehegestruktur, Einrichtung und Klima besitzt, Nahrung bietet und den Tieren erlaubt, in ihrer Sozialstruktur zu leben. Jeder, der sich dieser Aufgabe widmen will, sollte sich die dafür erforderlichen Kenntnisse aus einem oder besser mehreren Büchern holen, von Erfahrenen oder auch Interessensgemeinschaften. Dieses Buch möchte Sie dabei leiten und begleiten.

Graz, im Frühjahr 2005 — Dr. Reiner Praschag

Inhalt

Mensch und Landschildkröte

Die Beziehung zwischen Mensch und Schildkröte war seit jeher höchst einseitig. Schildkröten sind Jahrmillionen ohne uns ganz gut ausgekommen. Umgekehrt kann man das keinesfalls behaupten. Schildkröten haben in Mythologie, Religion, Aberglauben, Phantasie, Kunst, Dichtung und Medizin, auf Münzen, Briefmarken und Postkarten, in Sagen und Märchen, der Wissenschaft, der Wirtschaft, der Werbung und letztlich in der Sehnsucht der Menschen seit langer Zeit entscheidende Rollen eingenommen.

Mythos und Kulturgeschichte

„Herunter gekommen zum Kinderspielzeug, ein Salatblatt zwischen den Zehen achtlos schleifend. Doch nachts, wenn Du ganz still bist, hörst Du, wie sie noch immer mit den Göttern per Du ist."
(aus „Vom Mythos der Schildkröte")

Überall wo Menschen leben tauchen auch Schildkröten als Symbole auf.

Menschen neigen oft zu ungerechtfertigten Verallgemeinerungen. Darunter haben auch Landschildkröten entweder zu leiden oder sie bekommen eine mythische Bedeutung bis zur göttlichen Verehrung. Abhängig von den Problemen oder Sehnsüchten, die verschiedene Völker oder Angehörige von Religionen in aller Welt beschäftigen, hat der Mensch vielen Tieren – und ganz besonders den Schildkröten – symbolische Kräfte, Eigenschaften oder Bedeutungen zugesprochen. Die Schildkröte wurde als Fundament der Welt, als Himmelsgewölbe, als Insel im Meer (Kontinent) und anderswo als Götterbote angesehen oder man verwendete sie als Gräberschmuck, als Sterndeuter oder als (Moskitos fressenden) Bettträger. Darüber hinaus hat ihr der Mensch weltweit, oft übereinstimmend, oft widersprüchlich, symbolhafte Eigenschaften zugeordnet, wie jene der Weltordnung, der Heiligkeit, der Inkarnation, der Fruchtbarkeit, der Männlichkeit, der erotischen Kraft, der Gesundheit, der Langlebigkeit, der Armut, der Einsamkeit, der Zufriedenheit. Aber auch Geselligkeit, Gelassenheit, Besonnenheit, Überlegenheit, Häuslichkeit, Weisheit, Klugheit, Schlauheit, Beständigkeit (bis zum Gegenteil), Glücksbringer und sogar ein mystischer Blitzschutz sind ihr zugeschrieben worden. Das führte so weit, dass die Fabel die Schildkröte im sportlichen Wettkampf (im Laufen) über den Hasen, den Strauß, die Antilope, das Reh und nach Zenon (griech. Philosoph, etwa 500 v. Ch.) sogar über Archilles siegen ließ! Diese symbolischen Eigen-

schaften sollen hier bewusst keiner Religion und keinem Volk zugeordnet werden, weil uns diese Deutungen kein sehr gutes Zeugnis ausstellen. Man könnte fast froh sein, dass die Schildkröte noch in keinen geistigen Wettkampf mit dem Menschen getreten ist.

Testudo kleinmanni wurden 1993 in Kairo am Gehsteig in Vogelkäfigen angeboten. Die schutzlos der Sonne und dem Wind ausgesetzten Tiere sind dadurch meist so stark dehydriert, dass sie kaum mehr zu retten sind.

Im Dienste des Menschen

Unsere Vorfahren nutzten die Landschildkröten zum Verzehr. Noch zur Zeit der Seefahrer im Mittelalter galten die riesigen Landschildkröten der Seychellen und der Galapagosinseln als Fleischkonserve. In engen Pferchen, im Schatten gehalten und regelmäßig mit Wasser überschüttet, blieben sie oft monatelang auf den Schiffen. Auch der Panzer wurde – und wird heute noch von Naturvölkern – als Behälter, Trinkschale, Kochtopf, Schöpfer oder Löffel verwendet.

Mit der Erfindung des Aquariums und des Terrariums in der zweiten Hälfte des 19. Jahrhunderts fanden die Landschildkröten den Weg in die Wohnstuben der europäischen Industrieländer. Nach dem zweiten Weltkrieg hat dies zu einer Blüte der Massentransporte und zu schlimmen Ausmaßen schlechter Haltung geführt. Schon im ersten Jahr starben bis zu neunzig Prozent der Tiere. Noch in den 70er-Jahren des vorigen Jahrhunderts gelangten jährlich mehrere hunderttausend Landschildkröten aus Südosteuropa und Nordafrika nach Mitteleuropa und Großbritannien – oft wie Kohlen auf Lastwagen geschaufelt. Die Massenimporte hielten die Preise niedrig. Was billig ist, ist nicht viel wert und was nicht viel wert ist, wird oft schlecht behandelt.

> Eine Schildkröte sollte man sich nicht aus einer momentanen Lust oder einem unüberlegten Bedürfnis heraus kaufen. Wenn die Begeisterung abnimmt, werden die Tiere dann schnell vernachlässigt oder weggelegt.

Gesetze boten diesen Massentransporten Einhalt. Dadurch stiegen die Preise und dies führte dazu, dass die wenigen verfügbaren Landschildkröten immer mehr in die Hände verantwortungsbewusster Liebhaber kamen, denen zunehmend Fachliteratur über das Wildleben der Tiere zur Verfügung stand.

Die Folge: Bis heute werden immer mehr Landschildkröten in menschlicher Obhut nachgezüchtet. Es ist nicht mehr leicht, erwachsene Landschildkröten zu bekommen, Babys und Jungtiere dagegen sind verfügbar. Es muss aber betont werden, dass es wesentlich schwieriger ist, Jungtiere gesund großzuziehen, als erwachsene importierte Tiere am Leben zu erhalten.

Warum halten wir Landschildkröten?

Wir können viel Wissenswertes über Schildkröten aus Büchern und Fachzeitschriften lernen, Videos, Fernsehen und Internet können uns dabei weiterhelfen. Auch der Besuch von Vorträgen, Tagungen und Zoologischen Gärten sowie Gleichgesinnte zu treffen, ist sicherlich hilfreich. Wer aber wirklich in das Lebensgeheimnis einer Landschildkrötenart eindringen will, der muss mit diesen Tieren leben. Da dies in der Natur für viele Menschen nicht durchführbar ist, bleibt meist nur der Weg, die gewünschte Art zu Hause zu halten.

Es ist wie beim Sport, man kann darüber lesen, sportliche Veranstaltungen besuchen, mit Experten reden – vielleicht hat man jemanden in der Verwandtschaft? – oder man kann zum Beispiel die Regeln genau lernen. Wem das alles noch zu wenig ist, wer die Sportart noch besser verstehen will – der muss sie selbst betreiben! Erst wenn wir selber Tiere halten, können wir die Zusammenhänge verstehen, die besonders den Stadtmenschen in ihren klimagesteuerten Gehegen weitgehend abhanden gekommen sind. Um mit den Worten von Heini Hediger, dem Gründer der Tiergartenbiologie zu sprechen: „stehen die Zoologischen Gärten", und auch die ernsthafte Heimtierhaltung, „im Dienste der Psychohygiene des strapazierten Großstadtmenschen."

> Besitz, Haltung, Zucht, Verkauf und Handel von Landschildkröten sind in vielen Ländern gesetzlich geregelt.

Handel und Schutzbestimmungen

Fast in jedem Ursprungsland ist der Fang, der Besitz, der Transport und die Ausfuhr von Wildtieren wie Landschildkröten gesetzlich geregelt, so wie bei uns Einfuhr, Erwerb, Besitz, Haltung, Vermarktung und Wiederausfuhr. Die entsprechenden behördlichen Bewilligungen werden auf

> Beim Kauf jeder Landschildkröte muss man darauf achten, dass diese behördlich registriert ist und man die dazu erforderlichen Papiere erwirbt. Auch jede Veränderung in der Anzahl der Tiere, ob durch Vermehrung oder Tod, ist der zuständigen Behörde mitzuteilen.

entsprechende Anträge hin von Fall zu Fall erteilt.
Da diese Regelungen örtlich verschieden gehandhabt werden und die Gesetze laufend novelliert werden, ist es nötig, sich über die aktuellen Erfordernisse regelmäßig zu informieren.

Rechtliche Fragen der Schildkrötenhaltung

(Stand: 01.08.2001)
Von Rechtsanwalt Dietrich Rössel, Frankfurt/M.

Von Bedeutung sind für den Schildkrötenhalter insbesondere **artenschutzrechtliche** Fragen und Fragen der Zulässigkeit von **Tiergehegen**. Im zivilrechtlichen Bereich spielt vor allem das **Kaufrecht** eine Rolle, wenn man ein krankes Tier erworben hat.

Die in Europa einheimischen Schildkrötenarten stehen unter strengem Artenschutz; bringen Sie sich diese bitte niemals als „Souvenir" aus dem Urlaub mit!

I. Artenschutzrecht

Die wichtigsten Rechtsnormen in diesem Bereich sind:
- *das Washingtoner Artenschutzabkommen (in Deutschland seit dem 20.06.1976 in Kraft)*
- *die EU-Artenschutzverordnung Nr. 338/97 (seit 01.06.1997)*
- *die EU-Kennzeichnungsverordnung Nr. 939/97, die seit dem 01.01.2001 praktische Bedeutung hat;*
- *das Bundesnaturschutzgesetz in der Fassung vom 30.04.1998:*
- *die Bundesartenschutzverordnung;*
- *die Landesnaturschutzgesetze der einzelnen Bundesländer (vor allem auf einheimische Arten bezogen).*

Zu den jeweiligen Regelungen gibt es Anlagen bzw. Anhänge, die die betroffenen Tier- und Pflanzenarten aufführen. Die unter Artenschutz stehenden Arten unterliegen – je nach Schutzstatus – Handels- und/oder Importbeschränkungen; der Tierhalter muss die Rechtmäßigkeit der Herkunft seines Tieres beweisen können, ansonsten drohen die Einziehung des Tieres und unter Umständen sogar ein Straf- oder Ordnungswidrigkeitenverfahren.

Aber auch beim Erwerb von Tieren im Inland ist es notwendig, sich genau zu informieren, ob das Tier wirklich alle artenschutzrechtlichen Voraussetzungen erfüllt; leider kommen immer wieder Tiere aus dubiosen Quellen auf den Markt. Gerade bei europäischen Landschildkröten kann so mancher der Versuchung nicht widerstehen, selbstgefangene Tiere einzuschmuggeln.

Seit dem 01.01.2001 gilt für diejenigen Arten, die in der Anlage 6 zur Bundesartenschutzverordnung aufgeführt sind, eine **Kennzeichnungspflicht**: Nach der zur Zeit noch aktuellen gesetzlichen Regelung müssen diese Tiere mit einem implantierten Transpon-

Anstelle der umstrittenen Chip-Markierung können die Körpermaße sowie die Zeichnung des Rücken- und Bauchpanzers des Tieres zur Fotodokumentation und als Identitätsnachweis dienen.

der („Chip“) ausgerüstet werden; viele der häufig gehaltenen Schildkrötenarten sind hiervon betroffen. Diese Art der Kennzeichnung ist unter Tierschutzgesichtspunkten heftig umstritten. Dank eines DGHT-Forschungsprojektes wurde zwischenzeitlich nachgewiesen, dass mittels Fotodokumentation zumindest bei manchen Reptilienarten die Individuen sicher auseinandergehalten werden können; für die untersuchten Arten (u.a. die wohl am häufigsten gehaltenen Arten *Testudo hermanni* und *T. graeca*) ist eine Änderung der Bundesartenschutzverordnung und somit eine Aufhebung der Pflicht zur Transpondersetzung zu erwarten. Auf Bitte des Bundesumweltministeriums sehen die Vollzugsbehörden zur Zeit in aller Regel von der Durchsetzung der „Chip-Pflicht“ ab.

An dieser Stelle sei jedem Tierhalter die Anschaffung des **BNA-Artenschutzbuches** (erschienen 2000, zu beziehen über den Bundesverband für fachgerechten Natur- und Artenschutz, Postfach 1110, 76707 Hambrücken) dringend empfohlen.

II. Tiergehege

Viele Schildkrötenarten werden im Sommer im Freien gehalten. Oft wird übersehen, dass die hierfür gebauten Anlagen einer Genehmigung bedürfen. Je nach Bundesland kann dies schon unter rein baurechtlichen Gesichtspunkten der Fall sein, wenn das Tiergehege eine bestimmte Größe überschreitet; um Ärger zu vermeiden, ist es wichtig, dass Sie sich hierzu bei ihrem Bauamt erkundigen. Darüber hinaus bedürfen Tiergehege – dies ist in den Landesnaturschutzgesetzen der einzelnen Bundesländer geregelt – aber auch einer **naturschutzrechtlichen Genehmigung**, die von der zuständigen Naturschutzbehörde ausgestellt wird! Auch bei dieser Behörde sollten Sie sich daher erkundigen; ansonsten ist Ärger vorprogrammiert.

III. Kaufrecht

Wenn Sie ein Tier erworben haben, das der Händler schon krank an Sie übergeben hat, können Sie es nach den § 459 ff. des Bürgerlichen Gesetzbuches entweder gegen Rückerstattung des Kaufpreises zurückgeben („Wandelung") oder eine Minderung des Kaufpreises verlangen (der Minderungsbetrag kann sich z. B. an den Tierarztkosten orientieren). Wenn Sie als Käufer den Mangel bei Übernahme des Tieres allerdings kannten, haftet der Verkäufer nicht.

Wichtig ist, dass die kurze Verjährungsfrist beachtet wird: Sie müssen die Ansprüche innerhalb von sechs Monaten seit Übernahme des Tieres gerichtlich geltend machen, es sei denn, Sie können die Arglist des Verkäufers nachweisen.

Wenn Sie nachweisen können, dass der Verkäufer Ihnen den Gesundheitsschaden bewusst verschwiegen hat („Arglist") oder wenn das Tier entgegen einer nachgewiesenen, ausdrücklichen Zusicherung des Verkäufers krank ist, haben Sie darüber hinaus noch einen Anspruch auf Schadensersatz. Von besonderer Bedeutung ist dies bei Tierarztkosten, die den rein wirtschaftlichen Wert des Tieres übersteigen und die dann – auch im Hinblick auf den Tierschutzgedanken – zu ersetzen sind.

IV. Weitere Rechtsgebiete

Tierschutzrecht: Hier ist besonders das **Tierschutzgesetz** von Bedeutung; im Extremfall kann ein unsachgemäßer Umgang mit Tieren zur Strafbarkeit wegen Tierquälerei führen. Wichtig – wenn auch ohne Gesetzeskraft – sind die **Mindesthaltungsbedingungen** für Reptilien, die eine Orientierungshilfe darüber geben, ob ein Tier artgerecht gehalten wird.

Gefahrenabwehrrecht: Die Haltung der so genannten „gefährlichen Tiere" ist in acht Bundesländern geregelt. Landschildkröten fallen jedoch nicht darunter, allenfalls die Schnapp- sowie die Geierschildkröte, die jedoch beide Wasserschildkröten sind.

Miet- und Wohnungseigentumsrecht: Hier wird der Schildkrötenhalter in der Regel keine Probleme bekommen, da – mit wenigen Ausnahmen – die Reptilienhaltung von Vermietern und Miteigentümern nicht unterbunden werden kann. Nur Schlangenhalter haben hier Schwierigkeiten.

Landschildkröten in der Natur

Landschildkröten in der Natur zu begegnen ist nicht immer einfach. Die meisten von uns fahren im Sommerurlaub in den Süden, meist in Mittelmeerländer, die die Heimat einiger europäischer Landschildkröten sind. Doch bei Wanderungen in der Hitze in teilweise unwegsamem Gelände kann einem die Lust auf Landschildkröten schnell vergehen. Eher trifft man sie zufällig, wenn man abgelegene antike Bauwerke besichtigt, bei Sonnenaufgang am Campingplatz oder im Bereich der Straßen. Wenn sie dabei sind, am Straßenrand Futter zu suchen oder die Fahrbahn zu überqueren, werden sie leicht zu Verkehrsopfern und man findet sie gelegentlich tot mit zerbrochenem Panzer am Straßenrand. So nebenbei lässt sich im Urlaub also kaum ein Einblick in das Leben der Landschildkröten in der Natur gewinnen. Aber wie können wir sonst diese friedlichen, liebenswerten, drolligen, handlichen und doch so seltsamen Lebewesen kennen lernen?

Was ist eine Landschildkröte?

Mit dieser Frage beschäftigte sich schon Aristoteles. Seine überlieferten „Erkenntnisse", dass Schildkröten ihre Eier bebrüten und von Tau leben, sind aber eher irreführend. Nach Cicero aus dem alten Rom handelt es sich um „einen Vierfüßler, langsam schreitend, im Freien lebend, unansehnlich, rau anzufühlen, mit kleinem Kopf, mit Schwanenhals, finsterem Blick".

Das Christentum widmete der Schildkröte keine besondere Aufmerksamkeit, in der Bibel bleibt sie unerwähnt, ja nicht einmal auf der Arche Noah sollen sie einen Platz gefunden haben! Nach einem Kinderlexikon Mitte des 20. Jahrhunderts handelt es sich um Kriechtiere, die sich langsam bewegen, deren Körper durch einen Panzer geschützt ist und die sich von Pflanzen oder Tieren ernähren.

Andere Reptilien, ob Kaiman oder Alligator, Schlange oder beinlose Echse, Kröte oder Frosch, Molch oder Salamander ... sie auseinanderhalten kann nicht jeder. Aber eine Schildkröte erkennt jedes Kind. Warum ist das so einfach? Besonders Landschildkröten scheinen uns anhand ihres kompakten, hohen Panzers, ihrer Klumpfüße und ihres langsamen Ganges vertraut. Allerdings werden nicht alle an Land lebenden Schildkröten den Landschildkröten zugeordnet, nicht alle Landschildkröten haben hohe, und nicht alle feste Panzer, nicht alle fressen Pflanzen, halten Winterschlaf ... Diese Ausnahmen sollen in diesem Buch nur kurz gestreift werden, das zentrale Thema bilden die für uns greifbaren, typischen Landschildkröten. Schildkröten zählen neben den Schlangen, Echsen, Brückenechsen und Krokodilen zur Klasse der Reptilien oder Kriechtiere. Gemeinsam mit den Säugetieren, Vögeln, Amphibien und Fischen weist ihr Körper ein bewegliches, tragendes Element auf, die Wirbelsäule, daher werden sie unter dem Begriff Wirbeltiere zusammengefasst.

Die weltweit anerkannten deutschen Herpetologen Heinz Wermuth und Robert Mertens definierten in ihrem Bestimmungsschlüssel die Klasse der Schildkröten folgendermaßen: „Körper im Umriss oval, von einem knöchernen, mit Hornschildern oder lederartiger Haut bedeckten Panzer eingeschlossen, aus dem nur der Kopf, die Gliedmaßen und der Schwanz herausragen: Testudines". Dieselben definieren die Landschildkröten als eine von zwölf Familien der Schildkröten: „Vorderbeine im Querschnitt mehr oder weniger rundlich, Finger und Zehen äußerlich nicht erkennbar, sondern zu einem Klumpfuß verwachsen, aus dem nur die Nägel frei hervorragen: Testudinidae."

Die meisten Landschildkrötenarten leben in den warmen Klimazonen der Erde.

Wo leben Landschildkröten?

Als wechselwarme Tiere, auch Kaltblüter genannt, können alle Kriechtiere, auch die Schildkröten, ihre Körpertemperatur nicht selbst bestimmen. Im Gegensatz zu den Warmblütern wie Säugetieren und Vögeln sind sie deshalb in ihrer Lebensweise weit mehr von der Umgebungstemperatur abhängig. Das Klima bestimmt

Die Verbreitung der Landschildkröten auf der Erde.

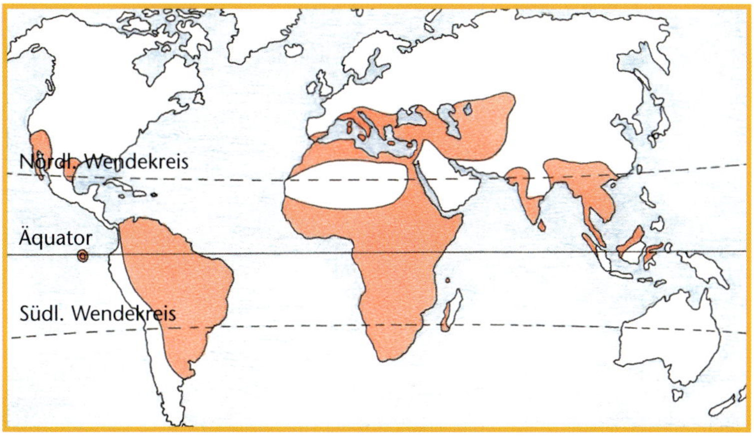

ihren Jahresrhythmus mit allen Aktivitäten und Ruheperioden. Dies ist zum Verständnis dieser Tiere sehr wichtig.

Den Kaltblütern werden aber auch mehr als den Warmblütern Grenzen bezüglich ihrer Verbreitung auf der Erde gesetzt. In erster Linie sind es die zu tiefen Temperaturen: Etwa jenseits der beiden 40. Breitengrade und innerhalb dieser ist ihnen besonders oberhalb gewisser Höhenlagen die Besiedlung verwehrt. In diesen unwirtlichen Regionen würde es den Schildkröten zum einen nicht gelingen, in den ausreichend warmen, kurzen Aktivitätsphasen genügend Energie aufzubauen, also Nahrung aufzunehmen, um die langen Frost- oder Ruhephasen zu überstehen. Zum anderen würden die kurzen Aktivitätsphasen den Schildkröten zu wenig Zeit lassen, ihren jährlichen Fortpflanzungszyklus abzuschließen. Denn nach der Ruhephase müssen die Tiere Nahrung aufnehmen, um zu Kräften zu kommen, sich zu paaren, Eier im Leib zu entwickeln; diese brauchen einige Zeit nach der Eiablage bis zum Schlupf und die Jungtiere sollten dann noch Reserven für die lange Winterruhe aufbauen können.

Landschildkröten sind dem Klima mit seinen plötzlichen Temperaturschwankungen, Überschwemmungen, Unwettern, Wirbelstürmen und Trockenperioden noch direkter ausgesetzt als Wasserschildkröten. Sie sind daher auch nicht so weit nach Süden und Norden in Richtung der Pole vorgedrungen wie diese. Die Landschildkröten bevorzugen die Subtropen und Tropen; hier sind die meisten Arten anzutreffen. Der an Landschildkröten artenreichste Kontinent ist Afrika mit 24 Arten. Darauf folgen Asien mit acht und Nordamerika, Südamerika und Europa mit je vier Arten.

Der Bestand der auf der Erde vorkommenden Landschildkrötenarten ist weitgehend unbekannt. Deshalb fehlt Gesetzen, die sich auf den Schutz und das Überleben einer einzelnen Art beziehen, die nötige Basis.

Bestandsdichte, Gefährdung

Die Bestandsdichte oder Populationsstärke vieler Schildkrötenarten ist bis heute noch nicht oder nur in begrenzten Bereichen untersucht. Allerdings ist den Berichten von Wissenschaftlern, Reisenden und den Aussagen von Ortskundigen zu entnehmen, dass die Bestände in der Natur in den letzten fünfzig Jahren besonders stark abgenommen haben. Dies veranschaulichen die unglaublichen Aufzeichnungen von Exportzahlen, die den Aderlass aus der Natur zum Nahrungs-, Delikatessen- und Heimtierverbrauch in den Bestimmungsländern andeuten. Die Dunkelziffern liegen sicherlich noch höher. Der Verzehr von Landschildkröten durch Einheimische und Naturvölker konnte dagegen die betroffenen Arten über Jahrtausende nicht existenziell gefährden.

> Die einzige Bedrohung für die Landschildkröten ist der Mensch mit seinem Bevölkerungswachstum, seinem Bedarf an Lebensraum und seinem Bedürfnis nach Wohlstand.

Besonders die Landschildkröten gelten als archaische, konservative Tiere, die es in dieser Form schon viele Jahrmillionen gibt. Ihre bedächtige Lebensweise gereichte ihnen nicht zum Nachteil, sie ließ sie selbst die Saurier um Jahrmillionen überleben. So scheint es überraschend, dass gerade sie in der Liste der gefährdeten Arten in unserer Zeit so zahlreich vertreten sind. Der Grund dafür ist der Mensch, der durch sein exponentielles Bevölkerungswachstum und seine immer größeren Ansprüche an Raum, Ernährung, Verkehr, Freizeit und subjektiver Lebensqualität die ehemaligen Lebensräume vieler Tiere zerstört hat und weiter zerstört.

Tierarten wie Landschildkröten mit geringer Vermehrungsquote (manche Arten legen pro Gelege nur ein Ei), mit langfristiger Generationenfolge (manche werden erst im Alter von 10 bis 20 Jahren geschlechtsreif) und mit konservativ physiologischen Anpassungsfähigkeiten, können so rasche und tief greifende Veränderungen innerhalb weniger Generationen nicht mitmachen. Sie werden von anpassungsfähigeren Arten verdrängt.

Und was kann jeder Einzelne von uns dagegen tun? Ein Ansatz wäre, sich naturfreundlich zu verhalten. Und eine Haltung von Wildtieren sollte man nur in Erwägung ziehen, wenn man nach eingehender Prüfung zur Auffassung gelangt ist, dass man den erforderlichen finanziellen, räumlichen und zeitlichen Aufwendungen langfristig nachkommen will und kann.

> Bei der Ausbreitung unserer landwirtschaftlichen Kulturen ist es verständlich, dass die Landschildkröten unsere Monokulturen als willkommene Speisekammer immer wieder aufsuchen. Durch künstliche Bewässerung ist es dort weniger heiß, aber – und das können die Tiere nicht wissen – es sind viele landwirtschaftliche Kulturpflanzen mit Pestiziden und Herbiziden behandelt. Untersuchungen haben ergeben, dass Tiere, die in der Nähe von solchen Monokulturen leben, schon nach kurzer Zeit Schäden an ihrer Gesundheit und Fortpflanzungsfähigkeit erleiden.

Die zahlreichen Exporte konnten durch gesetzliche Bestimmungen ab etwa den 80er-Jahren deutlich eingeschränkt werden, mit Ausnahme des ostasiatischen Raums. Dort werden derzeit die letzten Reste asiatischer Landschildkröten in zwar weiter abnehmender Zahl zu kulinarischen und medizinischen Zwecken über viele Grenzen geflogen. Aber auch die im Ursprungsland verbleibenden Tiere werden weltweit immer mehr mit Kultur- und Landwirtschaft konfrontiert. Landschildkröten, die sich in den mit Insektiziden und Herbiziden vergifteten

Die flach einfallenden Sonnenstrahlen am Morgen wecken die Schildkröten in ihren Nachtunterkünften. *Testudo hermanni boettgeri* in Ost-Griechenland.

Monokulturen aufhalten, werden bestenfalls ins Abseits geworfen oder gesammelt und in nahe Wälder oder in den Tierhandel gebracht.

Auf diese Weise gefundene oder beschlagnahmte Tiere kann man nicht ohne Weiteres in die Natur zurückführen. Dies setzt genaue Kenntnis darüber voraus, wo ein solcher Lebensraum noch besteht, funktioniert und nach menschlichem Ermessen in den nächsten zehn Jahren auch noch existieren wird – aber wer weiß das schon?

Anpassung an verschiedene Lebensräume

Wie haben sich Landschildkröten an ihre Umweltbedingungen angepasst oder anders gesagt: Wie weit konnten Landschildkröten in unwirtliche Gebiete, die nicht ihrem idealen Lebensraum entsprechen, vordringen und sich dort behaupten? Gibt es denn überhaupt das ideale Biotop für Landschildkröten? Wenn sich eine Tier- oder Pflanzenart über viele Generationen einmal an einen bestimmten Lebensraum angepasst hat und sich dort behauptet, dann kann man sie nicht so leicht in einer oder wenigen Generationen auf deutlich geänderte Lebensbedingungen umstellen. Arten, die großräumig in verschiedenen Lebensräumen vorkommen, sind anpassungsfähiger und werden sich an die geänderten Bedingungen unserer Heimtierhaltung leichter gewöhnen können – sie zählen zu den leicht zu haltenden Arten. Spezialisten, die in entbehrungsreiche Gebiete vorgedrungen sind, haben sich oft auf Bedingungen eingestellt, die nur schwer in unseren Heimen anzubieten sind. Sie gelten als schwer zu haltende Arten.

Welche Anforderungen stellen Landschildkröten nun an ihren Lebensraum? Verschiedene Arten brauchen verschiedene Größen ihres Territoriums, unterschiedliche Gelände- und Bodenbeschaffenheiten, diverse Strukturen wie Pflanzen, Unterholz und Bodenmaterial, eine gewisse Bandbreite des Klimas im Tages- und Jahresablauf und in Zusammenhang damit ausreichend Nahrung, die sich oft im Laufe des Jahres dem Klima entsprechend verändert. Letztlich ist ein Faktor für alles Leben und alle lebenden Organismen unabdingbare Voraussetzung: Wasser – entweder in trinkfähiger Form oder als Regen, Luftfeuchte, Bodenfeuchte, Nebel oder Tau.

Und auf welche der lebenswichtigen, also essenziellen Existenzgrundlagen kann eine Landschildkröte verzichten? Mediterrane Landschildkröten leben vorwiegend in trockenen, warmen Gebieten wie Grasdünen, Busch- oder offenen Waldlandschaften. Einerseits sollte die Sonne den Boden erreichen, damit sich die Tiere auf „Betriebstemperatur" aufwärmen können, andererseits müssen Möglichkeiten vorhanden sein, die den Tieren ab etwa 35 °C Schutz vor Überhitzung durch diese Sonnenstrahlen gewähren. Besonders Jungtiere, die leichter Probleme bei hohen Temperaturen bekommen, sind auf Schatten angewiesen, obwohl gerade sie für den Knochen- und Panzeraufbau die richtig dosierte Besonnung nötig haben.

Die Ägyptische Landschildkröte *(Testudo kleinmanni)* bewohnt extreme Trockengebiete im Küstenbereich des südöstlichen Mittelmeers. Sie ist daher nur im Winter und Frühjahr aktiv.

Landschildkröten der Trockengebiete

Sanddünen, Prärien und Halbwüsten sind durch ein Klima gekennzeichnet, in dem zumindest über viele Monate des Jahres besonders lange und starke Sonnenbestrahlung bei geringsten Niederschlägen herrscht. Offene Wasser wie Flüsse, Bäche oder Seen sind selten, Pflanzen wachsen nur in kühleren oder regenreichen Perioden und verdorren bald. Deshalb gibt es auch kaum Unterholz oder Laub, in dem die Tiere Schutz suchen könnten. Sie müssen die heißeste Zeit des Jahres in Höhlen verbringen. Diese Zeit bezeichnet man allgemein als Sommerruhe oder Aestivation. Einige Arten halten sich während der Sommerruhe im Boden auf. Dort sind sie sonnengeschützt und genießen darin die

Als Bewohner trockener Steppenlandschaften im Kaukasus und östlich des kaspischen Meeres ist die Vierzehenlandschildkröte ein Problemtier in unseren Freigehegen.

Luft- und Bodenfeuchtigkeit. In solchen Trockengebieten leben etwa die amerikanischen Gopherschildkröten (*Gopherus spec.*), die Spornschildkröte (*Geochelone sulcata*) südlich der Sahara, die ägyptische Landschildkröte (*Testudo kleinmanni*) in Nordafrika oder die Vierzehen-Landschildkröte (*Testudo horsfieldii*) im vorderasiatischen Raum.

Vierzehen-Steppenschildkröte *(Testudo horsfieldii)*; die besonders starken Vorderbeine lassen darauf schließen, dass sich die Art gerne in den Boden eingräbt.

Einen gebogenen und spitzen Sporn bilden die geschlechtsreifen Männchen der Texas-Gopherschildkröte *(Gopherus berlandieri)* aus.

Erstere bauen und graben bis zu mehrere Meter lange unterirdische Gänge oder bauen solche von Säugetieren aus, um darin gemeinsam mit Schlangen, Fröschen, Kleinsäugern oder Gliederfüßern die ärgste Zeit zu verbringen. Selbst zu besseren Zeiten suchen sie diese Höhlen oft in der Nacht oder zum Schutz vor Feinden auf. Es ist ein besonderes Erlebnis, wenn man auf eine Gopherschildkröte trifft, die bei einer Störung einige Meter zu ihrem Höhleneingang läuft und dort mit unglaublicher Geschwindigkeit verschwindet.

Andere Arten finden Schutz in überirdischen Höhlen wie etwa Steinspalten. Größere Steinaufbauten speichern die Wärme, in ihren Spalten hält sich aber eine weitgehend konstante Luftfeuchtigkeit.

Zu den Steinaufbauten bevorzugenden Arten gehören die südafrikanischen Flachschildkröten der Gattung *Homopus* und die besonders auffällige Spaltenschildkröte (*Malacochersus*) aus Ostafrika. Sie besitzen einen flachen Panzer, der für das Aufsuchen von Felsspalten verständlicherweise von Vorteil ist. Besonders die

Eingang in eine Erdhöhle einer Gopherschildkröte *(Gopherus polyphemus)* in Südgeorgia, USA.

Der besonders flache und auch im Alter biegsame Panzer der Spaltenschildkröte *(Malacochersus tornieri)* aus Ostafrika ermöglicht ihr ein Leben in Stein- und Felsspalten.

Spaltenschildkröte aus Ostafrika entspricht keineswegs dem üblichen Bild einer Landschildkröte, weil ihr sehr flacher Rückenpanzer vom Knochenaufbau her so weit zurückgebildet ist, dass sie durch Lufteinatmen sogar in der Lage ist, ihn zu dehnen und sich in der Felsspalte gut einzukeilen.

Tatsächlich sind viele der tropischen Landschildkröten fast nur in der Regenzeit zu finden.

Landschildkröten der Feuchtgebiete

Landschildkröten haben sich aber auch den Raum der immergrünen tropischen Wälder erobert, in die die Sonne selten eindringt und wo in der Regenzeit fast sintflutartige Niederschläge herab-

Auch die Aktivitätszeit der Travancore-Landschildkröte *(Indotestudo forstenii)* in Kerala in Südwestindien ist trotz des feuchten Lebensraumes an die Regenzeit von Juni bis Oktober gebunden.

Die bis gut 70 cm lang werdende Waldschildkröte *(Geochelone denticulata)* bewohnt hauptsächlich den feuchten Tropengürtel Südamerikas.

fallen. Entsprechend hoch ist die Luft- und Bodenfeuchtigkeit und der Pflanzenwuchs. Solche Gebiete bewohnen die südamerikanische Waldschildkröte (*Geochelone denticulata*), zwei Gelenkschildkröten-Arten in Zentralafrika (*Kinixys erosa* und *K. homeana*), teilweise zwei *Manouria*-Arten in Asien (*M. emys* und *M. impressa*) und besonders die *Travancore*-Landschildkröte (*Indotestudo forstenii*) in Südwestindien. Diese Arten leben im Äquartorialbereich der Erde, wo trotz Mangel an Sonneneinstrahlung auf dem Boden das ganze Jahr hohe Lufttemperaturen herrschen.

Körperbau, Sinne, Verhalten

Eine wichtige Grundlage für das Verständnis der Lebensweise einer Landschildkröte ist das Wissen über ihren Knochen- und Organaufbau, ihre Sinneswahrnehmungen und Fähigkeiten und die Kenntnis ihres Verhaltens und ihrer Ansprüche.

Was steckt im Panzer?

Die spezielle Körperform der Landschildkröten ist nicht eine beliebige Spielvariante der Schöpfung, sondern das Ergebnis eines jahrmillionen langen Ausleseprozesses, in dessen Verlauf Träger weniger geeigneter Formen, Farben oder Verhalten eher ihren Feinden zum Opfer fielen, bewährte Muster hingegen weiter vererbt werden konnten.

Der symbolhafte **Panzer** ist bei allen Schildkröten zwar augenscheinlich, jedoch in Form, Färbung, Steifheit und Härte sehr unterschiedlich. Weichschildkröten haben weiche Panzer, die riesige Lederschildkröte einen lederartigen, Sägerückenschildkröten einen gesägten, Dachschildkröten einen dachartigen, die Klappschildkröten einen klappbaren. Schon die deutsche Namensgebung deutet weitgehend auf Besonderheiten des Panzers hin. Landschildkröten haben einen meist hohen, starren und stabilen Panzer. Manche Landschildkröten haben Panzergelenke entwickelt. So zeigen die Gelenkschildkröten (*Kinixys*) ein Gelenk im hinteren Teil des Rückenpanzers, andere (wie *Pyxis*) können durch Bindegewebe den Vorderlappen, einige den Hinterlappen des Bauchpanzers bewegen. Besonders bei älteren Weibchen europäischer Landschildkröten kann das beobachtet werden und es dient in erster Linie dem Austritt der hartschaligen, nicht verformbaren Eier. Jede Rückbildung oder Gelenkigkeit des Panzers verbessert zwar die Beweglichkeit, geht aber zu Lasten der Stabilität. Der Panzer setzt sich aus dem meist gewölbten Rücken- und dem eher

Links: Als einzige Gattung der Landschildkröten haben die Gelenkschildkröten *(Kinixys)* ein Gelenk am Rückenpanzer, mit Hilfe dessen sie den Hinterteil leicht schließen können.

Rechts: Der Hinterlappen des Bauchpanzers der Maurischen Landschildkröte *(Testudo graeca ibera)* ist oft mittels eines Bindegewebes beweglich.

Hornschilder einer Landschildkröte: links Rücken-, rechts Bauchpanzer. Die Nähte der darunterliegenden Knochenschilder sind zu jenen der Hornschilder versetzt. Rückenpanzer: 1 bis 5 Wirbelschilder (Vertebralia), 6 Nackenschild (Nuchale), 7 Schwanzschild (Supracaudale), 8 bis 11 Rippenschilder (Costalia), 12 bis 22 Randschilder (Marginalia). Bauchpanzer: 1 Kehlschild (Gulare), 2 Armschild (Humerale), 3 Brustschild (Pectorale), 4 Bauchschild (Abdominale), 5 Schenkelschild (Femorale), 6 Afterschild (Anale).

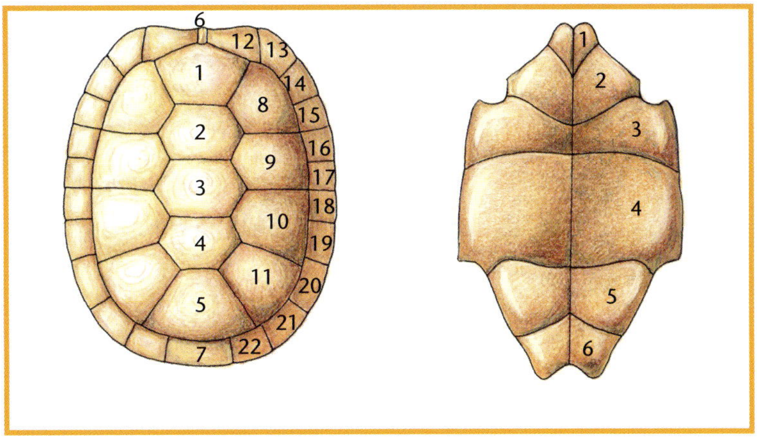

flachen Bauchpanzer zusammen. Beide sind beidseitig durch die „Brücke" verbunden. Der Panzer besteht aus Hautknochenplatten, die durch Knochennähte zusammengehalten werden. Die darüber liegenden Hornschilder, die man auf dem Panzer erkennen kann, stimmen in Form, Anzahl und Lage nicht mit den Knochenschildern überein. Das kann man bei einer toten Schildkröte gut sehen, wenn sich nach einiger Zeit die Hornschilder von den Knochenschildern lösen. Die zentral an der Längsachse angeordneten Wirbelschilder sind mit dem darunter liegenden Teil der Wirbelsäule verwachsen, die seitlich angrenzenden Rippenschilder mit den Rippen. Lediglich der vordere Teil der Wirbelsäule, die Halswirbel, und der hintere Teil, die Schwanzwirbel, sind frei beweglich. Auch die Lage des Schultergürtels innerhalb der Rippen unterscheidet sich von den anderen Wirbeltieren.

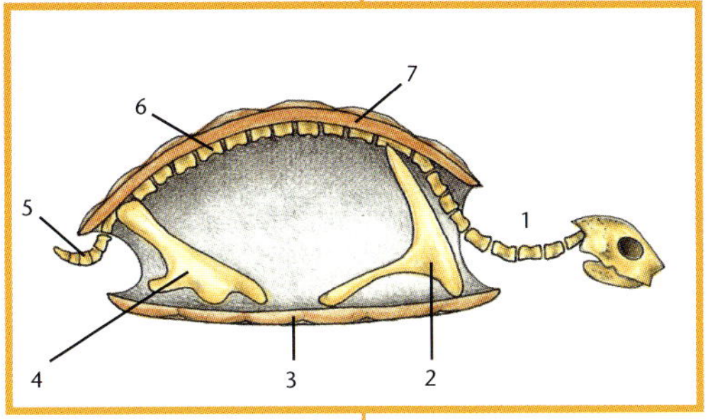

Längsschnitt durch eine Landschildkröte: 1 Halswirbel, 2 Schultergürtel, 3 Bauchpanzer (Plastron), 4 Beckengürtel, 5 Schwanzwirbel, 6 Rumpfwirbel, 7 Rückenpanzer (Carapax).

Die **Haut** der Weichteile hat sich bei den Landschildkröten mehr zum Schutz des Körpers gegen Fressfeinde als dazu entwickelt, den Körper beweglich zu halten. Besonders interessant ist, dass nur die herausragenden oder die im eingezogenen Zustand sichtbaren Teile von Kopf, Beinen und Schwanz mit Hornplatten, Kegelschuppen oder harten Schuppen bewehrt sind. Im herausgestreckten Zustand des Kopfes und der Gliedmaßen kann man sehen, dass die Haut an den innen liegenden Teilen wie Hals, Beinansätze und Schwanzwurzel nur wenige und kleine Schuppen hat und dass sie relativ weich und lederartig ist. In eingezogenem Zustand sind diese Körperteile geschützt und bleiben somit beweglicher.

Hornschuppen auf der Haut sind charakteristisch für Reptilien.

Die **Atmung** bei Schildkröten geschieht nicht wie bei uns durch Vergrößern und Zusammenziehen des Brustkorbs; das Korsett des Panzers lässt das nicht zu. Bei den Schildkröten sind die Lungen im Ruhezustand mit Luft gefüllt, das Ausatmen erfolgt durch eine Art Druckatmung. Dabei bedienen sie sich auch der Vorderbeine und des Kehlsacks. Diese rhythmischen Bewegungen lassen sich leicht beobachten.

Anders als bei den Warmblütern sind das Herz und die zu- und abführenden Blutgefäße bei den Schildkröten so gebaut, dass Mischblut aus sauerstoffreichem und sauerstoffarmem Blut entsteht. Die Körpertemperatur der Tiere ist daher weitgehend von der Umgebungstemperatur abhängig.

Besonders wichtig für die Haltung von Landschildkröten und für ihre Ernährung (siehe Kapitel „Das richtige Nahrungsangebot") ist das Verständnis ihres **Verdauungsapparats** und seiner Funktion. Tiere, die wie die meisten Landschildkröten in Trockengebieten leben, müssen mit dem Wasserhaushalt ihres Körpers sorgsam umgehen: Sie verlieren nur eine geringe Menge an Flüssigkeit und scheiden ihren überschüssigen Stickstoff in Form von Harnsäuresalzen aus. Daher sollten sie wenig Proteine (= Eiweiße) zu sich nehmen! Ihr Magen ist relativ klein und wenig dehnungsfähig. Das zwingt sie dazu, laufend kleinere Nahrungsmengen aufzunehmen.

Die Bauchspeicheldrüse ist klein, der Dünndarm relativ kurz, das bedeutet, dass die Schildkröte proteinreiche, fette Nahrung nur schwer verarbeiten kann. Am deutlichsten hat sich der Dickdarm der Landschildkröten an die speziellen Lebensbereiche und so an ein bestimmtes Nahrungsangebot angepasst. Landschildkröten aus besonders trockenen, wüstenähnlichen Gebieten weisen einen verlängerten Dickdarm mit einer strukturierten Schleimhaut auf. Dies ermöglicht ihnen eine noch bessere Aufnahme wasserlöslicher Nahrungsbestandteile und damit auch die Verdauung von zellulose- und faserreicher Nahrung.

Diese Spezialisierung kann aber bei der Haltung dieser Tiere zum Bumerang werden, wenn wir es besonders „gut" meinen und leicht verdauliches, strukturarmes und nährstoffreiches Futter anbieten, etwa Obst oder Dosenfutter. Solche Nahrung wandert zu schnell durch den Darm, wird unzureichend verdaut, die Wasserresorption gestört. Die Folgen sind Durchfallserkrankungen, Wasserverlust und eine Schwächung der von uns „verwöhnten"

Tiere. So wenig wir unsere eigenen Kindern mit zu viel Pommes frites, Ketchup und Bonbons ernähren sollten, so sollten wir es auch nicht zu gut mit den uns anvertrauten Tieren meinen.

Wie sieht, riecht und hört die Schildkröte?

Ihre Sinne dienen den Schildkröten zur Nahrungssuche, zum Auffinden von Geschlechtspartnern, zur Orientierung oder zum Heimfinden. Landschildkröten können sehr gut **sehen** und auch Farben erkennen und unterscheiden. Bei ihrer Nahrung bevorzugen sie die Farben rot, grün und gelb. Sie können Feinde, Schatten oder Futterpflanzen aus gut zehn Metern Entfernung wahrnehmen, besonders reagieren sie auf bewegte Objekte.

> Landschildkröten riechen und sehen gut und vermögen feine Temperaturunterschiede wahrzunehmen. Wesentlich weniger empfindlich ist ihr Hörvermögen und ihr Schmerzempfinden.

Ebenfalls gut ausgebildet ist ihr **Geruchssinn**. Auch Geruchsstoffe können aus größerer Entfernung über die Nasenhöhle aufgenommen werden. Es ist wahrscheinlich, dass ihnen das Riechen bessere Informationen liefert als das Sehen, denn alle interessanten Objekte wie vermeintliche Nahrung, andere Schildkröten, der Boden oder Wegbarrieren werden ausgiebig geruchlich untersucht. Obwohl sie gasförmige Duftstoffe auch aus großer Entfernung erkennen können, ist es doch auffallend, dass Schildkröten überall ihre Nase hineinstecken.

Der **Temperatursinn** ist bei Landschildkröten gut entwickelt. Da sie nur in einem eingeschränkten Temperaturbereich von etwa 15 bis 35 °C aktiv sein und ihre Körpertemperatur nicht physiologisch regeln können, bleibt ihnen nur die Ortsveränderung, um sich so weit wie möglich in diesem Temperaturbereich aufzuhalten. Bei kühler Witterung gehen sie in die Sonne, auf wärmespeichernden Boden oder suchen Schutz in Pflanzendickicht, Bodenstreu oder durch Eingraben. Bei Hitze begeben sie sich in den Schatten, ins Wasser oder suchen ebenfalls Schutz im Boden. Die Temperaturen werden über eigens dafür zuständige Sinneszellen, Thermorezeptoren, aufgenommen. Sie sind über den ganzen Körper verteilt, auch am Panzer, besonders ausgeprägt aber in der Kopf-Nasen-Region und an den Fußsohlen.

Dass auch der **Geschmackssinn** gut ausgebildet ist, merkt man daran, dass öfters eine geruchlich geprüfte Nahrung erst im Maul als unerwünscht empfunden und dann wie „angeekelt" mit der Zunge und den Vorderbeinen aus dem Maul geschoben wird.

Weniger ausgeprägt sind bei Schildkröten der Hör- und der Tastsinn. Ohr und Trommelfell sind zwar vorhanden, ihr **Hörvermögen** beschränkt sich aber auf tiefe Frequenzen. Aber Schildkröten sind sehr gut in der Lage, Körperschall – also Schwingungen etwa über den Boden – aufzunehmen. Die Tatsache, dass viele Landschildkrötenmännchen während der Paarung Laute von sich geben, lässt vermuten, dass diese (zum Beispiel vom betroffenen Partner) wahrgenommen werden können.

Dem **Ertasten** ist schon aufgrund ihrer dicken und beschuppten Haut Grenzen gesetzt, auch das **Schmerzempfinden** ist deutlich geringer als bei Warmblütern. Allerdings ist der Schildkrötenpanzer keineswegs, wie sein Name vermuten ließe, etwa mit einem Stahlhelm zu vergleichen. Vielmehr ist er zwischen den Horn- und Knochenschildern gut durchblutet und über Erwarten empfindlich. So kann man beispielsweise eine schlafende Landschildkröte aufwecken, indem man mit dem Finger zart über ihren Panzer streicht.

Wie empfinden, wie reagieren Schildkröten?

Wie alle Tiere „denken" Landschildkröten nicht in unserem Sinn. In diesem Kapitel soll der Interessierte und der Pfleger besonders dazu angeregt werden, sich einmal in die Rolle der Landschildkröten zu versetzen. Vergangenheit bedeutet für Schildkröten, Erfahrungen, die sie gesammelt haben, in begrenztem Maße für ihre Handlungen zu verwerten. Auch eine Zukunft in Form von vorausschauender Planung, Abwägen von Vor- und Nachteilen oder gar einer Kosten-Nutzen-Rechnung gibt es bei ihnen nicht. Das Handeln bei Tieren wird weitgehend von ihren in den Erbanlagen fixierten Instinkten geleitet. Diese Instinkte geben innerhalb gewisser Spielräume und festgelegter Verhaltensweisen vor, wie ein Tier auf Reize wie das Klima, besonders die Temperatur, Licht, Niederschläge und sinnliche Wahrnehmungen reagiert. Zwei Hauptziele bestimmen instinktives Tun: möglichst lange möglichst gesund zu leben – **Selbsterhaltungstrieb**, die eigenen Erbanlagen an möglichst viele Nachkommen weiterzugeben – **Fortpflanzungstrieb**.

> Im Kampf ums Überleben haben Schildkröten verschiedene Strategien entwickelt, um Fressfeinden zu entkommen, Spuren zu verwischen oder überhaupt nicht entdeckt zu werden.

Zum Selbsterhaltungstrieb zählen Wohlbefinden (Erreichen der geeigneten Körpertemperatur), Schutz, Flucht, Versteck vor Feinden und der Nahrungserwerb. Zum Fortpflanzungstrieb rechnet man die Partnersuche, das Imponieren und Werben der Männchen, die Paarung und die Eiablage.

Das Hauptproblem in der Natur ist das Überleben, dabei hilft der Selbsterhaltungstrieb. Im Laufe des langen Lebens einer Landschildkröte begegnet sie vielen Gefahren, die ihre Gesundheit schädigen, ihr Leben beeinträchtigen oder gar beenden können. Schon vor der Geburt, also im Ei, sind sie vielen Fressfeinden wehrlos ausgeliefert. In manchen Gebieten fallen 90–95 % der abgelegten Eier Nesträubern zum Opfer. Besonders in den ersten Tagen nach der Eiablage führen Duftspuren vor allem Säugetiere wie Fuchs, Waschbär, Marderartige, Dachs oder Wildschwein zu den frischen Nestern. Das Muttertier hat die Stelle der Eiablage entsprechend der Sonnenbestrahlung ausgesucht und fürs Auge unkenntlich gemacht. Besonders die direkte Sonnenbestrahlung, Wind und Regen verwischen die Duftspuren.

Die nächste Gefahr droht beim Schlupf der Jungen aus dem Ei. Wenn die Jungen ihre Nester verlassen, würden ihre Duftspuren wieder Fressfeinde anlocken. Die Strategie, dass möglichst viele Tiere aus einem Gelege gleichzeitig schlüpfen und auch zeitgleich aus Nestern anderer Weibchen, vermindert die Anzahl der Opfer. Jungtiere mit noch nicht ausgehärteten und für Feinde maulgerechten Panzern verhalten sich ruhig, bewegen sich wenig und führen eine versteckte Lebensweise. Erst gar nicht entdeckt zu werden – das ist ihre Überlebensstrategie. Dabei helfen ihnen die Form, die Zeichnung und die Färbung ihres Panzers.

Sie nehmen in dieser Zeit relativ viel hochwertige Nahrung auf, um schnell eine weniger gefährdete Größe und Festigkeit zu erreichen. Dann gilt es, anderen Gefahren auszuweichen wie Abstürzen, Ertrinken, Erfrieren, Überhitzen, Verhungern oder Verirren in unwirtlichen Gebieten. Die Weibchen sind zur Zeit der Eiablage abermals besonders ihren Fressfeinden ausgeliefert, denn sie suchen für ihre Gelege offene Gebiete mit weniger Sichtschutz auf, wo die Sonne den Boden länger direkt trifft und erwärmt. Auch der eigentliche Legevorgang lässt sie stundenlang an einer Stelle verweilen und ist zudem sehr kräfteraubend. Doch die Schildkröten haben auch gegen diese Gefahr eine Strategie entwickelt, indem sie vornehmlich zu einer Zeit ihre Eier legen, zu der ihre Fressfeinde ruhen und nicht auf Nahrungssuche gehen.

Soziales Verhalten und Paarungsverhalten

Soziales Verhalten von lebenden Organismen setzt voraus, dass erstens mehr als ein Individuum zumindest zeitweise einen begrenzten Lebensraum bewohnt, zweitens zwei oder mehr Individuen miteinander kommunizieren, sich gegenseitig verständigen und Informationen austauschen. Voraussetzung für eine große Populationsdichte, also das Leben mehrerer Individuen in einem engen Lebensraum, sind gute Lebensbedingungen und ein reichliches Angebot an Nahrung, Schutz sowie eine gesicherte Entwicklung des Nachwuchses bei geringer Gefahr durch Fressfeinde.

Schildkröten sind außerhalb der Paarungszeit Einzelgänger. Sie haben daher kein ausgeprägtes Sozialverhalten in der Gruppe entwickelt.

Nur wenige Untersuchungen von Schildkrötenpopulationen in der Natur liegen uns vor. Viele Landschildkröten sind heute schon

Paarungsspiel, Phase 1: ein Männchen verfolgt ein Weibchen von *Testudo hermanni boettgeri.*

Rivalisierende, paarungswillige Männchen sollten wir aufmerksam beobachten, denn sie können sich bei den Kämpfen ernsthaft verletzen. Mitunter müssen sie für einige Zeit getrennt gehalten werden.

so selten, dass selbst bei gezielter Suche in gut geeigneten Biotopen nur etwa zehn Tiere gefunden werden konnten. Über wenige Arten, die noch in dichteren Populationen leben, liegen einige Zahlen vor: Von der russischen Vierzehen-Landschildkröte (*Testudo horsfieldii*) wurden noch vor fünfzig Jahren 41 Tiere pro Hektar gefunden, diese Zahl nahm am selben Ort innerhalb von etwa 40 Jahren (1956 bis 1995) auf 24,2 pro Hektar ab. Von der Maurischen Landschildkröte *Testudo graeca nikolskii* fand man 5,6 Tiere pro Hektar im Kaukasus, von der Griechischen Landschildkröte *Testudo hermanni hermanni* in Südfrankreich wird von 11 Tieren pro Hektar berichtet. Dabei handelt es sich wohlgemerkt um besonders gute Vorkommen; die Populationen dieser häufigen Arten liegen in der Regel bei 0,5 bis 5 Tieren pro Hektar. Dennoch werden auch in der Natur öfters mehrere Landschildkröten an einem Ort gefunden. Nie handelt es sich dabei aber um sozial organisierte Treffen, sondern die Gründe dafür sind ein besonders anziehendes Nahrungsangebot, selten vorkommende Schattenspender oder Höhlen und Erdbauten, die die Schildkröten an dieser Stelle vorfinden.

Ein Revierverhalten wie das bei Säugetieren und Vögeln (etwa im Nestbereich) kennen wir bei Schildkröten nicht. Landschildkröten sind wahre Einzelgänger. Treffen außerhalb der Paarungszeit zwei Tiere zufällig aufeinander, „begrüßen" sie sich bestenfalls mit Kopfnicken oder schnuppern nur in Richtung oder am anderen oder aber sie missachten sich überhaupt. Während der Paarungszeit sieht dies anders aus.

Begegnung Männchen – Männchen

Zur **Paarungszeit**, die sich je nach Klima über mehrere Monate hinziehen kann, suchen männliche Tiere gezielt nach Geschlechtspartnerinnen. Sie sind in dieser Zeit besonders viel unterwegs. Treffen sie währenddessen auf eine gleichartige Schildkröte, prüfen sie vorerst visuell, dann geruchlich die Art- und Geschlechtszugehörigkeit. Handelt es sich um ein Männchen, dann lässt der Erste entweder gleich von diesem ab oder – und das ist von Art zu Art, aber auch individuell verschieden – er bekämpft es als Rivalen. Weithin bekannt wurde dieser Ritualkampf zweier amerikanischer Gopherschildkrötenmännchen durch den Film „Die Wüste lebt". Dabei drängten und stießen die Kontrahenten wie Hirsche frontal gegeneinander oder versuchten, den Gegner durch Heben von der Seite einzuschüchtern oder auf den Rücken zu drehen. Zu diesem Zweck haben manche Arten bei den Männchen spornartige Verlängerungen ihrer Kehlschilder vorne am Bauchpanzer entwickelt.

Die Spornschildkröte *(Geochelone sulcata)* verdankt ihren deutschen Namen der bei den Männchen deutlich ausgebildeten Bauchpanzerverläng erung. Der Sporn wird bei Paarungskämpfen eingesetzt.

Besonders in kleineren Gehegen können paarungswillige Männchen den Weibchen so hartnäckig nachstellen, dass diese sich nicht entziehen können. Auch in diesem Fall ist es ratsam, die Tiere zeitweise zu trennen.

Um sich gegenseitig einzuschüchtern laufen die Männchen behände im Kreis und versuchen sich durch bessere Positionen Vorteile zu verschaffen. Zuweilen reitet einer von einer beliebigen Seite auf den anderen auf, worauf dieser wieder durch geeignete Körperbewegungen das zu Siegessichere umzuwerfen versucht. Meist enden diese Kämpfe ohne Verletzungen, indem eines ablässt und das Weite sucht. Fand das Ganze in Anwesenheit oder gerade angesichts eines Weibchens statt, ist dieses bis dahin meist schon längst entwichen.

Begegnung Männchen – Weibchen

Trifft das Männchen auf ein Weibchen derselben Art, dann reagiert sie entweder mit Flucht – worauf er sie wild verfolgt – oder durch Einziehen aller Weichteile. Landschildkröten besitzen keine beweglichen Hand- und Fußgelenke, sie können die Partnerin nicht festhalten. Selbst wenn er sich bereits in Paarungsposition befindet, braucht sie nur einige Schritte nach vorne zu gehen, und er sitzt am Boden. Wohl ist bei den Weibchen auch öfters eine Paarungsbereitschaft zu erkennen, indem sie auf der Stelle verharren und durch Strecken der Hinterbeine das Hinterteil anheben. Meist muss er sie aber erst gefügig machen, er muss sie einschüchtern. Dabei wendet er sich oft ihrer Seite zu, zieht den Kopf ein und stößt seinen Panzer durch Strecken der Hinterbeine gegen den ihren.

Die dabei entstehenden Geräusche durch das Aufeinanderschlagen der Panzer sind weithin zu hören. Die Rammstöße führt er kurz hintereinander mehrere Male durch und läuft im nächsten Augenblick nach vorne, um im Kopf zu Kopf-Kontakt gegen und in ihre Vorderbeine zu beißen. Diese Aktionen sollen sie dazu bewegen, Kopf und Vorderbeine einzuziehen und dabei zum Volumenausgleich die Schwanz- und Analregion mehr austreten zu lassen. Diese Situation erkennt er blitzschnell und läuft hastig – wie man es einer Landschildkröte nie zutrauen würde – nach hinten, um aufzureiten. Dabei kann er sie aber zum Einziehen ihrer Analregion veranlassen, worauf ihr Vorderteil wieder mehr aus dem Panzer herauskommt. Oft lässt er sich in dieser Situation nach hinten abgleiten und läuft wieder nach vorne, um sie durch Rammen und Bisse wieder zum Einziehen von Kopf und Vorderbeinen zu bewegen. Das Spiel beginnt von Neuem und kann sich

Paarungsspiel, Phase 3: Verharrt das Weibchen nicht am Ort, dann versucht das Männchen, es durch Bisse in ihre Vorderbeine und den Kopf einzuschüchtern und zum Stehenbleiben zu veranlassen *(Testudo weißingeri).*

oft wiederholen. Dazwischen sucht sie vielleicht einmal ihr Heil in der Flucht und kann gelegentlich in der Natur den Werber abschütteln und entkommen. Es hängt von der Populationsdichte ab, wann sie dem nächsten Freier begegnet. Da die Männchen meist in der Überzahl sind, ist die Wahrscheinlichkeit groß, dass jedes Weibchen jährlich befruchtet wird und Eier legt. Mitunter kommt es vor, dass Weibchen vor der Eiablage ein territoriales Verhalten zeigen und auf anderen Schildkröten aufreiten, ähnlich wie Männchen es tun. Die Weibchen bilden den „Flaschenhals" bei der Arterhaltung, die Männchen können noch so aktiv sein, die Grenzen für die jährliche Reproduktion setzen die Weibchen.

Aktivitätszeiten im Tagesablauf

Die Aktivitäten der Landschildkröten hängen von verschiedenen Faktoren ab, in erster Linie von der Temperatur, der Luftfeuchtigkeit und ihrem Lebensraum. Am aktivsten sind sie bei Körpertemperaturen zwischen 25 und 33 °C. In diesem Temperaturbereich arbeiten die Sinne und die Organe einer Landschildkröte am besten. Im Mittelmeerraum herrschen aber keineswegs immer solch optimale Temperaturen, die den wechselwarmen Landschildkröten die ideale Körpertemperatur ermöglichen. Die Nächte zeichnen sich durch Dunkelheit, niedere Temperaturen und erhöhte Luftfeuchtigkeit aus. Werden 20 °C unter- oder 35 °C überschritten, müssen sie sich vor Kälte oder Hitze schützen. Als tagaktive Tiere verstecken sie sich nachts unter Buschwerk, Ästen, Baumstämmen, in Steinspalten, vergraben im Bodenlaub, in Erdmulden oder Erdhöhlen, die oft andere Tiere geschaffen haben.

> Die ideale „Betriebstemperatur" der wechselwarmen Landschildkröten liegt zwischen 25 und 33 °C.

> Das Klima im Lauf der Jahreszeiten bestimmt den Tagesablauf der Landschildkröten.

Aufwachen und Aufwärmen

Es hängt vom Lebensraum und vom Wetter ab, wann die Schildkröten, ausgelöst durch einen Anstieg der Temperatur, erwachen oder geweckt werden. An nach Südost gerichteten Hanglagen mit buschartiger Vegetation beginnt ihre Aktivitätszeit mit den ersten Sonnenstrahlen bei Sonnenaufgang. In Wäldern hingegen, in welche die morgendlichen, flachen Sonnenstrahlen kaum eindringen, werden sie entsprechend später aktiv.

Beim Erwachen drehen sie sich um die Körperachse und beäugen die Umgebung. In der Morgensonne versuchen sie, ihre Körpertemperatur auf ideale Werte von knapp über 30 °C zu erhöhen.

Da die Erwärmung am besten durch Auftreffen der Sonnenstrahlen im rechten Winkel auf den Körper erfolgt, stellen sie sich oft fast senkrecht auf Grasbüschel, Steine oder Astwerk. Oder sie legen sich auf Flächen mit guter Wärmespeicherung wie Sand oder Steine und strecken dabei Kopf und Beine weit von sich, um der Sonne viel Körperfläche zu bieten. Ist die gewünschte Körpertemperatur erreicht, im Frühjahr langsam, im Sommer schneller, dann begeben sie sich auf Nahrungssuche. Dabei decken besonders Jungtiere ihren Feuchtigkeitshaushalt an Pflanzen, die noch taunass sind.

Griechische Landschildkröten *(Testudo hermanni boettgeri)* genießen die ersten Sonnenstrahlen am Morgen. Dazu richten sie sich im Freigehege an der Hauswand auf.

Mittagshitze

Die Sonne steigt am Vormittag, ihre Wärmestrahlung wird stärker, die Körpertemperatur beträgt 33 °C und mehr – jetzt suchen die Landschildkröten den Schatten. Vorerst nur mit dem Kopf, der halbe Panzer liegt oft noch in der Sonne. Aber bald wird es zu heiß, die Tiere verkriechen sich in Verstecke oder in ihre Nachtquartiere. Darin überstehen sie bei geeigneten Temperaturen und einer höheren Luft- und Bodenfeuchte als im Freien die heißeste Zeit des Tages und verbrauchen nur wenig Energie. Am Nachmittag eines sonnigen Tages erwachen sie wie am Morgen und verlassen ihre Verstecke wieder für einige Stunden. Abermals erhöhen sie die Körpertemperatur an der schwachen Abendsonne, nehmen Nahrung auf oder suchen nach Geschlechtspartnern.

Die jeweilige Tageszeit der genannten Aktivitätsphasen verändert sich im Laufe des Jahres. An bewölkten, stürmischen oder regnerischen Tagen bleiben die Landschildkröten des Mittelmeerraums, abhängig von der Lufttemperatur, in ihren Verstecken oder werden etwas später am Vormittag oder erst um die Mittagszeit aktiv.

Das bizarre Sternmuster der indischen Sternschildkröte *(Geochelone elegans)* bilden die Tiere erst im Alter von einigen Jahren aus. Die Schlüpflinge sind völlig anders gezeichnet.

Mediterrane Landschildkröten im Laufe der Jahreszeiten

Das jahreszeitlich bedingte Verhalten der Landschildkröten wird im gemäßigten Klima wie etwa im Mittelmeerraum vorwiegend durch die Schwankungen der Temperatur mit heißen, trockenen Sommern und kalten Wintern geprägt. Das betrifft die Arten Maurische Landschildkröte (*Testudo graeca*), Griechische Landschildkröte (*T. hermanni*), Vierzehen-Landschildkröte (*T. horsfieldii*), Breitrand-Schildkröte (*T. marginata*) und Köhlerschildkröte (*Geochelone carbonaria*) in Paraguay.

In den wärmeren Gebieten der Subtropen und besonders im Tropengürtel der Erde im Bereich des Äquators werden ihre Aktivitäten mehr vom Wandel der Niederschlagsmenge und der Feuchtigkeit bestimmt, also von den Regen- und Trockenzeiten. Das betrifft die Arten Köhlerschildkröte (*Geochelone carbonaria*), Sternschildkröte (*G. elegans*), Panterschildkröte (*G. pardalis*), Spornschildkröte (*G. sulcata*) und Gelbkopf-Landschildkröte (*Indotestudo elongata*). Die Schildkröten müssen sich in der Trockenzeit nicht nur vor den sengenden Sonnenstrahlen schützen, sie finden in dieser Zeit auch kaum Nahrung. Erst der Regen bereitet ihnen wieder die erforderlichen Lebensgrundlagen.

Die Landschildkröte mit dem größten Verbreitungsgebiet in Asien ist die Gelbkopf-Landschildkröte *(Indotestudo elongata)*. Sie besiedelt von Indien bis Vietnam sowohl feuchte wie auch trockene Biotope.

Panterschildkröten *(Geochelone pardalis)* leben in Süd- und Ostafrika und können Panzerlängen bis zu 70 cm erreichen.

Im **Frühjahr** steigen die Tagestemperaturen in Südosteuropa Ende März oder Anfang April an mehreren aufeinander folgenden Tagen über 25 °C. Das ist der Auslöser für das Erwachen der Landschildkröten aus der Winterstarre. Die Tiere drehen ihr Vorderteil unter der Erde nach oben und graben sich zur Erdoberfläche empor. Noch von feuchten Lehm- oder Erdhaufen bedeckt, bleiben sie oft einige Tage unter der Laubschicht und wärmen sich auf, bevor sie sich den ersten Sonnenstrahlen im neuen Jahr direkt aussetzen. Gefährlich können ihnen dabei frühe Wärmeperioden werden mit darauf folgenden Frosttagen. Viele Landschildkröten sterben auch in besonders kalten Wintern, wenn sie sich nicht tief genug eingegraben haben. Im Frühjahr gilt es für die Landschildkröten wie für viele andere Tiere auch, die körperlichen Verluste des Winters wieder wettzumachen und die abgebauten Fettreserven wieder aufzufüllen. Entsprechend der schwachen Strahlungswärme der Sonne zu dieser Zeit findet die Hauptaktivität der Landschildkröten um die Mittagszeit statt. Sie wird mit zunehmend höherem Sonnenstand zweigeteilt und immer mehr in Richtung der Morgen- und Abendstunden verschoben.

Hauptklimafaktoren in Larisa, Mittelgriechenland. (Quelle: Müller 1996)

	Januar	Febr.	März	April	Mai	Juni	Juli	Aug.	Sept.	Okt.	Nov.	Dez.
Absolute Max. d. Temp.	21,0	24,0	31,8	31,8	38,5	41,8	45,0	45,0	40,0	36,6	26,0	22,6
Mittlere Max. d. Temp.	10,0	12,9	15,1	20,4	25,7	31,3	34,4	34,0	29,1	23,1	16,3	12,1
Mittlere Min. d. Temp.	1,3	3,4	6,5	6,5	10,7	15,1	18,1	17,7	14,3	10,4	6,9	3,0
Absolute Min. d. Temp.	–9,5	–7,0	–2,6	–2,6	3,1	7,0	10,6	10,6	6,0	0,3	– 6,0	–14,0
Mittl. Niederschlag (mm)	51	40	49	35	45	30	15	13	31	88	64	61
Sonnenscheindauer (h)	104	129	156	228	272	295	339	326	259	170	130	83

Hauptklimafaktoren in Frankfurt, Deutschland. (Quelle: Müller 1996)

	Januar	Febr.	März	April	Mai	Juni	Juli	Aug.	Sept.	Okt.	Nov.	Dez.
Absolute Max. d. Temp.	13,8	17,8	24,7	30,0	32,5	33,7	37,6	36,7	32,6	26,4	18,8	15,8
Mittlere Max. d. Temp.	2,9	4,6	10,3	14,9	19,6	22,6	24,3	23,7	20,2	13,9	7,8	3,7
Mittlere Min. d. Temp.	1,3	3,4	6,5	6,5	10,7	15,1	18,1	17,7	14,3	10,4	6,9	3,0
Absolute Min. d. Temp.	–3,0	–2,5	0,0	3,8	7,9	11,1	13,0	12,6	9,6	5,2	1,8	– 1,6
Mittl. Niederschlag (mm)	57	44	36	43	54	72	68	77	56	50	53	53
Sonnenscheindauer (h)	46	69	144	188	230	211	218	196	162	103	44	29

Im Sommer wird die Hauptaktivitätszeit der Landschildkröten mehr und mehr in die Morgen- und Abendstunden verlegt.

Dauert die aktive Phase Ende März an Sonnentagen etwa fünf Stunden von 11.00 bis 16.00 Uhr, so findet sie Ende April von 10.00 bis 12.00 Uhr und von 15.00 bis 18.00 Uhr statt, im Mai etwa von 8.00 bis 11.00 Uhr und von 16.00 bis 19.00 Uhr, im Juni von 7.30 bis 10.00 Uhr und von 17.00 bis 20.00 Uhr etwa. Dies ist natürlich abhängig von der Sonnenlage, der Bepflanzung, dem Klima, der Bodenbeschaffenheit und der Höhenlage.

Gleich nach der Winterruhe, von Temperatur und Lichtintensität gesteuert, erwacht in den männlichen Tieren der Fortpflanzungstrieb. Um diese Zeit wandern sie viele längere Strecken auf der Suche nach einer Partnerin. So ist es auch zu verstehen, dass man im März und Anfang April fast nur Männchen in der Natur findet. Sechs bis acht Wochen später, von Mitte Mai bis Ende Juni wandern oft auch die Weibchen, allerdings aus einem ganz anderen Grund. Es sind vornehmlich jene, die in offenen Wäldern oder dichter Macchie (Buschland mit hartlaubigen Gewächsen) leben, wo die Sonnenstrahlen den Boden nur wenige Stunden am Tag treffen. Sie suchen um diese Zeit Bereiche mit geringerem oder niedrigem Pflanzenbestand, um dort ihre Eier an sonnenexponierten Stellen abzulegen.

Im **Sommer** erreichen die Temperaturen über längere Zeit 35 °C und mehr, die Niederschläge gehen deutlich zurück. Dadurch sinkt der Grundwasserspiegel, nur die Tiefwurzler unter

Maurische Landschildkröte *(Testudo graeca ibera)* am Fundort in der Südtürkei.

den Pflanzen können das Wasser erreichen. Die anderen, und das sind die bevorzugten Nahrungspflanzen der Landschildkröten, verdorren schließlich in der sengenden Sonne im Hochsommer. Die Landschildkröten, die offene Macchienlandschaften, Savannen oder Dünen bewohnen, müssen ihre Tagesaktivitäten auf die frühen Morgen- und Abendstunden beschränken und ruhen tagsüber in Verstecken. Manche verlegen ihren Lebensraum in nahe liegende Wälder, in denen hohe Gehölze die Sonne weitgehend abschirmen und Unterholz und Falllaub den Boden nicht so stark austrocknen lassen. Gegebenenfalls suchen die Tiere Täler mit Restwasseransammlungen oder fließendem Wasser auf, wo sie einerseits etwas Abkühlung, aber auch eine noch grünere Bodenvegetation finden.

Mediterrane Hartlaub-Strauchgesellschaften sind weitgehend durch Waldrodung entstanden und werden heute noch durch Überweidung von Ziegen und Schafen kurz gehalten oder teilweise zerstört. Diese Vegetationsform wird bei einer Höhe von 2 bis 5 m als **Macchie** und stärker aufgelockert, aus Zwerg-, Klein- und Halbsträuchern bestehend, die eine Höhe bis 1,5 m erreichen, als **Garigue** bezeichnet.

In den Gebieten des Steppen- und Halbwüstenklimas im Kaukasus und im subtropischen Küstengürtel Nordafrikas finden die Landschildkröten kaum Schutz in der spärlichen Vegetation, sie vergraben sich Anfang Juni in der Erde. *Testudo horsfieldii* beispielsweise sucht Gänge oder Bauten von Säugetieren auf und verbleibt in diesen in 25 bis 50 cm Tiefe unter der Erdoberfläche. Die nordafrikanischen Vertreter von *Testudo graeca* und vor allem *Testudo kleinmanni* finden bereits im Juni wenig geeignete Nahrung und treten eine Sommerruhe (= Aestivation) an. Die kleinwüchsigen, hell gefärbten Tiere erwärmen ihre Körper schneller, brauchen aber weniger Energie für eine kurze Aktivitätsperiode. Kamen sie im Mai täglich noch zwei Stunden am Vormittag und zwei Stunden am Nachmittag heraus, so bleiben sie im Sommer oft wochenlang in ihren Verstecken. Eine dementsprechende Aktivitätsperiode haben die Landschildkröten der trockenen Tropenzone. Selbst die riesige Spornschildkröte *Geochelone sulcata* gräbt sich in der Trockenzeit Sandhöhlen, wo sie öfters sogar in kleineren Gruppen Schutz suchen. Erst die beginnenden Niederschläge der Regenzeit sorgen mit angenehmen Temperaturen, Feuchtigkeit und frischer Nahrung für neues Leben.

Im **Herbst** ähnelt das mediterrane Klima dem im Frühjahr. Allerdings bietet die Natur mit einem spärlicheren Pflanzenwuchs nicht mehr dasselbe Nahrungsangebot, dafür fallen reife Früchte zu Boden, Beeren und Pilze können den Speiseplan sogar ergänzen. Die ersten Regenfälle, die den vertrockneten Boden wieder aufweichen, sind das Signal für das Schlüpfen der Jungtiere aus den Eiern. Der weiche Boden erleichtert ihnen auch das Verlassen des Erdreichs.

Durch die immer schwächer werdende Sonne werden die täglichen Aktivitätsphasen, umgekehrt wie im Frühjahr, immer mehr zur Mittagszeit hin verlegt. Ende Oktober oder im November wird das Wetter wechselhaft, manche kühlen Tage verbringen die Tiere in ihren Verstecken. An wärmeren Tagen werden sie wieder aktiv, bis sie selbst an schönen Tagen wohl noch ein wenig herumlaufen, sich sonnen, aber keine Nahrung mehr aufnehmen. In dieser Zeit wird ihr Darm entleert, der Organismus reduziert seine Tätigkeit; die Tiere spüren den nahenden Winter.

In windgeschützten Lagen graben sie sich Mitte oder Ende November in das Erdreich, zunächst oft nur oberflächlich, dass man noch den aufgeworfenen Erdhügel sehen kann; mit abnehmender Temperatur schaufeln sie sich dann immer tiefer in Schichten, wo sie weder kurze Wärmeperioden wieder aufwecken können noch der Frost sie erreichen kann.

Im Kaukasus und an der nordafrikanischen Küste ist es immer noch zu heiß, als dass sich die Vegetation vom Sommer erholen und wieder entfalten könnte. Die Landschildkröten bleiben meist in ihren Sommerverstecken. Im Kaukasus, dem Lebensraum von *Testudo horsfieldii,* bricht in manchen Jahren daraufhin der Winter mit tiefen Temperaturen herein, so dass die Tiere die unterirdisch verbrachte Sommerruhe gleich in eine Winterruhe (= Hibernation) übergehen lassen. Sie waren dann in einem solchen schlechten Jahr nur im Frühjahr und am Anfang des Sommers überhaupt aktiv.

Im **Winter** bleiben die Landschildkröten aus dem nördlichen Mittelmeerraum unter der Erde vergraben. Dort können ihnen Frost, Schnee, Niederschläge oder kalte Stürme nichts anhaben. Bei einer Bodentemperatur von unter 10 °C ist ihr Stoffwechsel so weit reduziert, dass sie kaum Energieverluste erleiden. Die Bodenfeuchte hält ihren Feuchtigkeitshaushalt stabil, so verlieren die Tiere bis zum Frühjahr höchstens fünf bis zehn Prozent an Gewicht. Das gilt auch für *Testudo horsfieldii* in den rauen Wintern im Kaukasus, keineswegs aber für die Landschildkröten der afrikanischen Mittelmeerküste. Dort sind die Winter mild und feucht, sodass *Testudo graeca* und *T. kleinmanni* außer an kalten Tagen aktiv sind und Nahrung finden.

Landschildkröten als Heimtiere

Vorbild für eine verantwortungsbewusste und erfolgreiche Haltung von Wildtieren ist die Natur selbst. Es ist aber nicht möglich, alle natürlichen Lebensbedingungen wie Lebensraum, Klima, Pflanzen oder Bodengrund im Maßstab 1:1 von der Natur in unser Heim zu übertragen. Der Tiergartenbiologe Hediger äußerte sich dazu so: „Nicht die genaue Nachahmung des natürlichen Lebensraumes kann die Ideallösung im Zoo sein, sondern nur die biologisch sinnvolle Transposition der natürlichen Verhältnisse in die künstlichen des Zoos". Im Folgenden sollen für alle wichtigen Fragen zur Haltung von Landschildkröten die Übertragung ihrer natürlichen Verhältnisse in die künstlichen unserer Gehege berücksichtigt werden.

Was muss man vor der Anschaffung bedenken?

Zunächst sollte eines völlig klar sein: Mit dem Erwerb und der Haltung von Tieren übernimmt man die Verantwortung, alles in unseren Möglichkeiten Stehende zu tun, um den Tieren ein artgerechtes Leben zu bieten. Dazu sind vier Dinge nötig:
Wissen, um die Lebensweise der Landschildkröte zu verstehen.
Geld: Der Bau der Anlage, Verbesserungen, Instandhaltung, der Kauf der Tiere und ihre Pflege bedeuten einen finanziellen Aufwand.
Raum: Das Gehege braucht einen geeigneten Standort, man kann es nicht irgendwo einrichten, wo eben gerade Platz ist.
Zeit: Bau und Instandhaltung, Verbesserungen, die Pflege der Tiere und ihre Beobachtung verlangen Zeit.

Über allen vier Punkten steht eine Hauptvoraussetzung – ein tiefes Interesse an den Tieren. Der Wunsch nach einer Landschildkröte kommt oft aus einem Kindermund, deshalb sind zuallererst die Eltern gefordert. Es werden Ferienzeiten, Krankheitsfälle, andere Interessen kommen. Die Tiere aber müssen trotzdem betreut und versorgt sein.

Und was bekommt man dafür? Einen Einblick in das vielleicht nicht so leicht verständliche Leben von archaischen Tieren. Ein Frage- und Antwortspiel, das manche ein Leben lang in ihren Bann zieht, das andere aber auch bald ermüden lässt. Landschildkröten können bei guter Haltung sehr alt werden – darum prüfe, wer sich ewig bindet!

Zuerst wollen wir möglichst viel über das Naturleben unserer Pfleglinge erfahren, dann versuchen wir die wichtigsten Punkte für unsere Haltung zu erkennen, um diese schließlich in unserem Heim möglichst sinngemäß nachzubilden.

Arten für Anfänger, Arten für Fortgeschrittene

Bei der Tierhaltung ist es wie im Straßenverkehr: Es gibt verantwortungsbewusste Fahrer und Leichtsinnige. Beide beginnen als unerfahrene Anfänger und gewinnen mit der Praxis zunehmend an Einsicht. Es ist Geschmackssache, ob man auf der Straße lieber einem verantwortungsbewussten Anfänger oder einem routinierten Leichtsinnigen begegnen will. Auch bei der Tierhaltung wären wie auf der Straße am ehesten routinierte Verantwortungsbewusste erwünscht. Nur, mit Routine und Erfahrung hat noch niemand begonnen.

Im Folgenden werden alle bekannten Landschildkröten nach Größe, Bestandsdichte, ihrer Verfügbarkeit im Handel und ihren Haltungsanforderungen bewertet. Außerdem werden für den (verantwortungsbewussten) Anfänger geeignete Arten empfohlen und solche Arten genannt, die eher für den (verantwortungsbewussten) Fortgeschrittenen geeignet sind.

Für die Haltung kommen all jene Gattungen und Arten von Landschildkröten nicht in Frage, die in der Natur nur noch selten bis sehr selten anzutreffen sind (siehe Tabelle Seite 46). Dann verbleiben noch 13 Arten. Zieht man noch jene ab, die käuflich nie, sehr selten oder selten zu erwerben sind wie *Chersine angulata, Geochelone denticulata, Kinixys belliana, Testudo weißingeri*, dann bleiben noch neun. Diese sind in der Liste (siehe Seite 46) fett geschrieben. Wegen ihrer Größe, des damit verbundenen Platz- und Arbeitsaufwands oder ihrer meist ungewissen Herkunft sollten davon folgende Arten dem fortgeschrittenen Pfleger vorbehalten sein: *Geochelone carbonaria, G. elegans, G. pardalis, G. sulcata, Indotestudo elongata* und *Testudo horsfieldii*. Dem verantwortungsbewussten Anfänger bleiben somit drei Arten: die Maurische Landschildkröte (*Testudo graeca*), die Griechische Landschildkröte (*T. hermanni*) und die Breitrandschildkröte (*T. marginata*).

Anfänger sollten mit den mediterranen Landschildkröten vom Balkan beginnen. Allerdings sind kaum erwachsene Importtiere, sondern fast ausschließlich junge Nachzuchttiere erhältlich.

Da sich dieses Buch in erster Linie an Einsteiger, aber auch an Fortgeschrittene wendet, wird auf diese drei Arten besonders eingegangen. Doch auch einige Unterarten dieser drei sind ausgesprochen schwer zu halten. Aus diesem Grund werden hier die Unterarten behandelt, soweit sie heute bekannt sind.

Es ist für Einsteiger ratsam, mit den Landschildkröten wie der Maurischen Landschildkröte (*Testudo graeca ibera*), der Ostrasse der Griechischen Landschildkröte (*Testudo hermanni boettgeri*) oder der Breitrandschildkröte (*Testudo marginata*) zu beginnen.

Ihre Anforderungen an den Lebensraum und ihre Ansprüche sind ähnlich, wenn auch nicht die gleichen. Ihre geographische

Die rezenten Landschildkrötenarten der Erde: ihr Vorkommen, ihr Bestand in der Natur, in menschlicher Obhut, die mittlere Größe ihrer Panzerlänge (Stockmaß) und der Schwierigkeitsgrad der Haltung

Art	natürliches Vorkommen	Naturbestand (Häufigkeit)	mittlere Größe (cm)	im Handel erhältlich aus der Natur	Nachzuchten	Haltung
Chersine angulata	Südafrika	mittel	25	selten	nie	schwierig
Geochelone carbonaria	Südamerika	mittel	45	selten	öfters	mittel
G. chilensis	Südamerika	selten	20	nie	nie	schwierig
G. denticulata	Südamerika	mittel	60	selten	selten	mittel
G. elegans	Vorderindien	mittel	25	selten	öfters	schwierig
G. gigantea	Seychellen Inseln	selten	110	nie	nie	schwierig
G. nigra	Galapagos-inseln	selten	110	nie	nie	schwierig
G. pardalis	Afrika	mittel	60	selten	öfters	mittel
G. platynota	Myanmar	sehr selten	25	nie	nie	schwierig
G. radiata	Madagaskar	selten	40	nie	selten	mittel
G. sulcata	Afrika	mittel	70	sehr selten	öfters	leicht
G. yniphora	Madagaskar	sehr selten	40	nie	nie	mittel
Gopherus (4 Arten)	Süd-USA, Mexiko	selten	20 bis 45	nie	nie	sehr schwierig
Homopus (5 Arten)	Südafrika	selten	10 bis 15	nie	nie	sehr schwierig
Indotestudo elongata	Asien	mittel	28	selten	öfters	mittel
I. forstenii	Südindien, Sulawesi	selten	28	nie	nie	schwierig
Kinixys (6 Arten)	Afrika	mittel, selten	14 bis 30	nie	sehr selten	schwierig
Malacochersus tornieri	Afrika	selten	16	nie	selten	schwierig
Manouria emys	Südostasien	selten	55	nie	sehr selten	schwierig
M. impressa	Südostasien	sehr selten	28	nie	nie	sehr schwierig
Psammobates (3 Arten)	Südafrika	selten	13 bis 24	nie	nie	sehr schwierig
Pyxis (2 Arten)	Madagaskar	sehr selten	14	nie	fast nie	schwierig
Testudo graeca	Mittelmeer bis Persien	häufig	28	mittel	häufig	je nach Unterart
T. hermanni	Mittelmeer-raum	häufig	23	mittel	häufig	je nach Unterart
T. horsfieldii	Armenien bis Pakistan	häufig	20	mittel	selten	mittel
T. kleinmanni	Nordafrika	selten	13	sehr selten	sehr selten	sehr schwierig
T. marginata	Südosteuropa	mittel	30	selten	häufig	leicht
T. weißingeri	Süd-griechenland	selten	23	sehr selten	selten	mittel

Die Unterarten der Maurischen Landschildkröte (*Testudo graeca*), der Griechischen Landschildkröte (*T. hermanni*) und die Breitrandlandschildkröte (*Testudo marginata*): ihr Vorkommen, ihr Bestand in der Natur und in menschlicher Obhut, Schwierigkeiten bei der Haltung.

Testudo	**natürliches Vorkommen**	**Naturbestand (Häufigkeit)**	**im Handel erhältlich aus der Natur**	**Nachzuchten**	**Haltung**
***T. graeca** graeca*	Südspanien Nordwestafrika	mittel	sehr selten	sehr selten	sehr schwierig
gr. anamurensis	Südtürkei	selten	sehr selten	sehr selten	mittel
gr. ***ibera***	Balkan (Europa) Türkei, Südkaukasus	häufig	selten	mittel	relativ leicht
gr. nikolskii	Nordwestkaukasus	selten	sehr selten	sehr selten	mittel
gr. terrestris	Syrien, Israel, Libyen	selten	sehr selten	sehr selten	sehr schwierig
gr. zarudnyi	Südostpersien	selten	sehr selten	sehr selten	schwierig
***herm.** hermanni*	Südfrankreich, Italien, Balearen, Sardin., Korsika	selten	sehr selten	selten	schwierig
herm. boettgeri	Balkan, Süditalien, Sizilien	häufig	selten	häufig	relativ leicht
marginata	Südbalkan (Westtürkei, Sardinien)	mittel	selten	häufig	relativ leicht

Verbreitung überlappt sich zwar, doch findet man sie nur selten im selben Lebensraum. Was ihre Lebensansprüche betrifft, werden sie weitgehend gemeinsam behandelt, die Unterschiede aber im Detail besprochen.

Wie und wo erwirbt man eine Landschildkröte?

Noch vor wenigen Jahrzehnten war der Erwerb einer Landschildkröte sehr einfach. In fast jeder Tierhandlung konnte man sie kaufen, in den Geschäften in größeren Städte war das Angebot so groß, dass man besonders im Frühjahr unter Hunderten aussuchen konnte. In Mitteleuropa fand man dort meist die Ostrasse der Griechischen Landschildkröte (*Testudo hermanni boettgeri*) und die Maurische Landschildkröte (*Testudo graeca ibera*) aus den Balkanländern. In Großbritannien waren es die Maurischen Landschildkröten (*Testudo graeca graeca*) aus Marokko und noch bis zu den 80er-Jahren wurde der Markt mit Vierzehen-Landschildkröten (*Testudo horsfieldii*) aus Asien überschwemmt. Dann waren die Massenlieferungen vorbei, die Importbeschränkungen begannen zu wirken. Die bleibende Nachfrage nach diesen Tieren ließ die Preise schnell ansteigen. Das brachte manche auf die Idee, Land-

Zwei Männchen bewerben ein Weibchen der griechischen Landschildkröte gleichzeitig von vorne und von hinten. Um dem Weibchen zuviel Stress über einen längeren Zeitraum zu ersparen, sollten wir zeitweise mindestens ein Männchen wegsperren.

Bei der Mitnahme von Landschildkröten, etwa im Urlaub, sind zumindest die gesetzlichen Aus- und Einfuhrbestimmungen zu beachten.

schildkröten in großem Stil in Mitteleuropa zu züchten. Doch Probleme bei der Intensivhaltung mit der Klimatisierung, Hygiene und Krankheitsübertragungen und auch der Verträglichkeit der Tiere untereinander ließen viele scheitern. Dafür meldeten immer mehr Halter kleinerer Gruppen europäischer Landschildkröten anfangs vereinzelt, bald laufend Zuchterfolge. Das Angebot hat sich grundlegend gewandelt. Wurden früher nur die in der Natur leichter zu findenden, mittelgroßen und großen Tiere importiert, heute werden vornehmlich kleine Tiere aus Nachzuchten angeboten. Zumindest bei den häufigeren europäischen Landschildkröten greift der Heimtiermarkt nicht mehr in die Naturbestände ein. Bei den selteneren Arten sind wir noch nicht so weit. Welche Möglichkeiten bieten sich nun den Interessierten, eine Landschildkröte zu erwerben?

Entnahme aus der Natur: Die direkte Entnahme aus der Natur ist die teuerste und aufwendigste Variante und auch die am wenigsten empfehlenswerte. Anreise, Aufenthalt und Suche im Herkunftsland nehmen viel Zeit in Anspruch, setzen Biotop- und Ortskenntnisse voraus – dafür lernt man aber gleich den Lebensraum hautnah kennen. In den meisten Ländern braucht man eine Sammelerlaubnis und bei einer erfolgreichen Suche eine Exportgenehmigung für die Ausfuhr (siehe auch Seite 8). Diese Genehmigungen erfordern Erfahrung und Geduld im Umgang mit den Behörden. Und schließlich ist zur Einfuhr im Heimatland eine Einfuhrgenehmigung nötig. Der Einsteiger in die Schildkrötenhaltung sollte sich auf jeden Fall kein Tier von einer Reise mitbringen.

Mitleid mit feil gebotenen Landschildkröten sollte uns nicht zum Kauf in deren Herkunftsländern verleiten. Die von uns so „geretteten“ Tiere werden sogleich durch Wildfänge ersetzt.

Kauf am Markt, beim Händler im Ursprungsland: Ein Kauf im Ursprungsland erspart zwar Ortskenntnisse und die Suche, der Rest ist gleich wie im vorigen Fall. Die Vermutung, durch den Kauf eine „arme“ Schildkröte aus einer unangenehmen Situation befreit zu haben, ist aber falsch. Ihren Platz nimmt schnell eine andere ein, man fördert damit nur Sammelaktionen und hilft so selbst mit, Schaden an der Natur anzurichten.

Kauf beim Züchter im eigenen Land: Der Erwerb von Schildkröten über einen Züchter aus unserer Umgebung ist wohl die sinnvollste, preisgünstigste und einfachste Art, zu einer Landschildkröte zu kommen. Dort erhält man gleich praktische Ratschläge zur Pflege und kann das Gehege und die Elterntiere ansehen. Die Adresse von Züchtern sind in Fachzeitschriften, bei Interessensgemeinschaften (siehe Adressen im Anhang) zu erhalten oder deren Aussendungen „Angebote – Gesuche – Tausch“ zu entnehmen.

Kauf in der Tierhandlung: In Tierhandlungen werden mitunter Importtiere angeboten oder solche, die von Züchtern oder jenen, die ihre Tiere nicht mehr halten können, übernommen worden sind.

Tierschutzverein: Bei Tierschutzvereinen warten manchmal Findlinge, entlaufene Tiere oder Schildkröten aus Hinterlassenschaften auf neue Pfleger.

Nachfrage bei Behörden oder im Zoo: Diese Stellen geben manchmal konfiszierte, also behördlich beschlagnahmte Tiere, an sachkundige Halter ab.

Sobald Sie Ihre neue Schildkröte haben, müssen Sie sie bei den zuständigen Behörden an- und ummelden. Denn das ist Sache des Käufers, so wie es Sache des Verkäufers ist, die erforderlichen Papiere mitzugeben.

Einzeln oder in der Gruppe?

Die oft gestellte Frage, ob eine Landschildkröte alleine „arm dran" sei, ob man ein Pärchen, mehrere Tiere einer Art oder überhaupt mehrere Arten gemeinsam halten soll oder kann, ist aus verschiedenen Blickwinkeln zu beantworten. Die Antwort hängt ab

– von unseren Interessen,
– von unseren räumlichen Möglichkeiten
– vom Wohlbefinden der Tiere
– ihrem artspezifischen Verhalten.

Seine Interessen und räumlichen Möglichkeiten muss jeder für sich selbst prüfen. Auf den räumlichen Aufwand wird später ein-

Gegenüberstellung von Einzeltierhaltung und Haltung in der Gruppe.

Einzelhaltung

- weniger Raumaufwand
- beste Kontrolle über Verhalten, Nahrungsaufnahme, Ausscheidungen
- keine Unverträglichkeiten (Stress, Verletzungen)
- geringe Probleme bei Abwesenheit, Urlaub

Haltung von mehreren (verschiedengeschlechtlichen) Individuen einer Art

- Ein entscheidender Teil im Leben der Tiere kommt der Arterhaltung zu. Man kann Verhalten wie Partnersuche, Werbung, Paarung, Eiablage, Schlupf und Jungenaufzucht aus nächster Nähe miterleben
- bessere Beobachtungsergebnisse, ein Einzeltier kann einen Sonderfall darstellen
- mehr Beobachtungsmöglichkeiten
- die Tiere können ihr Sexualverhalten ausleben

Einzeln gehaltene Schildkröten leiden kaum unter Einsamkeit. Aber wir müssen in diesem Fall auf die Beobachtung ihres interessanten Fortpflanzungsverhaltens verzichten.

gegangen. Wie schon im Kapitel „Soziales Verhalten und Paarungsverhalten" erwähnt, reagieren Landschildkröten in der Natur außerhalb der Paarungszeit, weibliche Tiere und Junge sogar das gesamte Jahr über, relativ gleichgültig aufeinander. Paarbindung konnte nie festgestellt werden, Gruppenbildungen innerhalb derselben Tiergruppe nur in Ruhephasen, also in Verstecken oder in Höhlen im Winter oder zum Schutz vor unbehaglichem Wetter wie Hitze, Regen oder Sturm. Es gibt unter den Landschildkrötenhaltern aber auch Stimmen, die der Gemeinschaftshaltung – vielleicht in Unkenntnis der Freilanduntersuchungen – psychisch gesündere Tiere zuschreiben und – vielleicht, weil dann Futterneid besteht – eine bessere Bereitschaft zur Nahrungsaufnahme bei den Schildkröten beobachtet haben wollen. Wissenschaftlich ist das nicht bewiesen, diese Meinung scheint eher aus dem vermenschlichenden, emotionalen Blickwinkel mancher Tierfreunde zu entstehen.

Die Haltung von verschiedenen Landschildkrötenarten mit ähnlichen Lebensansprüchen innerhalb eines Geheges erlaubt zwar vergleichende Beobachtungen, birgt aber auch die Gefahr, dass die Schildkröten sich gegenseitig artspezifische Krankheitserreger übertragen. Diese können nur dann ausgeschaltet werden, wenn laufend medizinische Kontrollen durchgeführt werden und die Tiere in großen Freigehegen gehalten werden. Darüber hinaus ist eine Verbastardierung – also eine Vermischung – verschiedener (Unter-)Arten unerwünscht.

Wer allerdings eine größere Gruppe einer Landschildkrötenart pflegen will, der sollte, falls er mit Jungtieren beginnt, Tiere von verschiedenen Elternpaaren nehmen, am besten bei verschiedenen Züchtern kaufen, um später Paarungen von Geschwistertieren zu vermeiden.

Unterbringung und Beobachtung

Eine fachgerechte bauliche Maßnahme, und dazu zählt auch ein Tiergehege, sollte gut geplant werden. Eine vorausblickende Konzeption sollte sowohl die Funktion und Klimatisierung berücksichtigen, den Tieren Schutz und Wohlbefinden ermöglichen und letztlich soll das Gehege auch ästhetischen Anforderungen gerecht werden. Eine solche Planung wird meist in ihrer Bedeutung unterschätzt, weil man sich zunächst wenig darunter vorstellen kann. Wenn wir für uns selbst planen, tun wir uns noch recht leicht: Raum, Funktion oder Gestalt muss unseren Bedürfnissen, Vorstellungen, Körpermaßen oder Proportionen entsprechen. Bei der Planung eines Tiergeheges müssen dagegen Anforderungen anderer Lebensformen, Körpermaße, Proportionen und Fähigkeiten beachtet werden. Das ist schon um einiges schwieriger – aber immer noch nicht alles. Es sollten gute Möglichkeiten geschaffen werden, um die Tiere zu beobachten, das in unsere Heime geholte Geschehen zu genießen und dabei entspannen zu können. Man sollte nicht bäuchlings in eine Schildkrötenhütte kriechen müssen, unter Verrenkungen beobachten oder fotografieren und nur unter besonderem Kraftaufwand das Gehege pflegen, versorgen und reinigen können. Es ist eine alte Weisheit, die besagt, dass gutes Planen und überlegtes Bauen später viele Unannehmlichkeiten erspart. Aber wie geht das? Besonders der Anfänger muss zunächst sich selbst als Pfleger und die Tiere als Pfleglinge kennen lernen. Dem Unsicheren sei empfohlen, zu erwägen, sich etwa für ein Jahr ein einfaches Provisorium zu bauen und erst dann mit einiger Erfahrung eine bleibende Lösung zu schaffen.

Das richtige Gehege

Die Umgrenzung unserer Freianlage sollte einerseits die Tiere am Entkommen hindern und natürliche Barrieren simulieren, andererseits sollte sie das harmonische Bild des Gartens nicht stören.

Es ist klar, dass sich die natürlichen Gegebenheiten im Lebensraum einer Landschildkröte weder im gleichen Maß, noch in der gleichen Qualität in unsere Heime übertragen lassen. Wie bereits im Kapitel „Mediterrane Landschildkröten im Laufe der Jahreszeiten" erläutert wurde, prägen und bestimmen verschiedene Umstände den Lebensrhythmus der Tiere im Laufe des Jahres. Die wichtigsten sind die Temperatur, die Strahlungswärme, das Licht und die Luft- und Bodenfeuchtigkeit. Für die Haltung gilt es daher, diese klimatischen Bedingungen im natürlichen Vorkommen der betreffenden Landschildkrötenart mit jenen am Wohnort des Pflegers zu vergleichen und Maßnahmen für die erforderlichen Korrekturen in jenen Bereichen und zu jener Jahreszeit zu entwickeln, in denen sie nicht übereinstimmen. So wird die Haltung etwa einer Griechischen Landschildkröte im Heim eines Sizilianers völlig anders aussehen als in Mitteldeutschland oder etwa in Schweden. Die nachfolgend empfohlenen Maßnahmen gelten vornehmlich für die zuvor als relativ leicht zu pflegenden Landschildkröten, die aus dem Mittelmeerraum kommen und in Mitteleuropa (Beispiel: im Raum Frankfurt) gepflegt werden. Sie müssen in kühleren oder wärmeren Regionen entsprechend abgewandelt werden.

Lage und Umgrenzung

Da die meisten Pfleger ihre Landschildkröten in Breiten halten, in denen es kühler ist als in deren natürlichem Vorkommensgebiet, sollten die klimatisch günstigsten Orte im Heim und Garten für die **Lage** von Freigehegen ausgewählt werden. Günstig in diesem Sinne ist eine sonnenexponierte, windgeschützte und regengeschützte Lage. Außerdem sollte man auf einen guten Einblick in das Gehege und einen leichten Zugang achten.

Den Lebensraum, den ein Tier alleine, zufällig oder in Partnerschaft mit anderen bewohnt, bezeichnet man als sein **Territorium**. Die Grenzen eines Territoriums von Landschildkröten können durch natürliche Gegebenheiten bestimmt sein wie Seeufer, Flussläufe, Felsen oder Steilhänge oder von seinen Bewohnern festgelegt werden. Dabei kann der Lebensraum auf beiden Seiten der Grenzen durchaus gleichwertig sein. Dennoch werden die Grenzen gleichsam freiwillig nicht überschritten, solange das betroffene Tier innerhalb dieser Grenzen all seine Lebensansprüche befriedigen kann. Es wäre schön, wenn unsere Gehege im Garten oder im Haus überhaupt keine Absperrungen nötig hätten. Das ist aber leider aus verschiedenen Gründen nicht möglich: Die Tiere müssen sich nach dem Einsetzen erst an das neue, ungewohnte Gehege gewöhnen. Das Gehege wird auch bei bester Eignung nicht dem natürlichen Lebensraum gleichkommen; je geeigneter das Gehege, desto weniger werden die Pfleglinge nach der Eingewöhnung nach Auswegen suchen. Und es herrschen jenseits der von uns geschaffenen Gehegegrenzen keine geeigneten Lebensbedingungen für Landschildkröten. Demnach liegt es in der Verantwortung des Pflegers, mit entsprechenden Barrieren die Tiere am Entkommen zu hindern.

Anforderungen, die eine Gehegeumgrenzung erfüllen sollte:

- Sie soll in ihrer ganzen Länge für die Tiere nicht übersteigbar sein.
- Sie soll die Tiere nicht zum Klettern anregen.
- Sie soll nicht durchsichtig sein.
- Die Oberfläche sollte keine Steighilfen bieten.
- Sie sollte als Wärmespeicher, Reflektor und Windschutz wirken.
- Sie sollte für den Pfleger leicht überschaubar und übersteigbar sein.
- Sie sollte ästhetischen Anforderungen entsprechen.

Als Materialien für die Umzäunung eignen sich:

Betonsteine, Betonplatten, Pflastersteine, Holzpfosten, -bretter oder -palisaden, Asbestzementplatten, Drahtglas und ähnliches.

Die **Übersteigbarkeit** der Umgrenzung hängt von deren Höhe, Oberfläche und Querprofil ab. Die Landschildkröten haben in den Vorderbeinen viel Kraft und können sich mit ihren Krallen in Ritzen, Fugen, Erhöhungen und Unebenheiten gut festhalten. Ihre Ausdauer und vielleicht eine andere Schildkröte als Steighilfe haben schon viele erfolgreiche Fluchtversuche und Kindertränen verursacht.

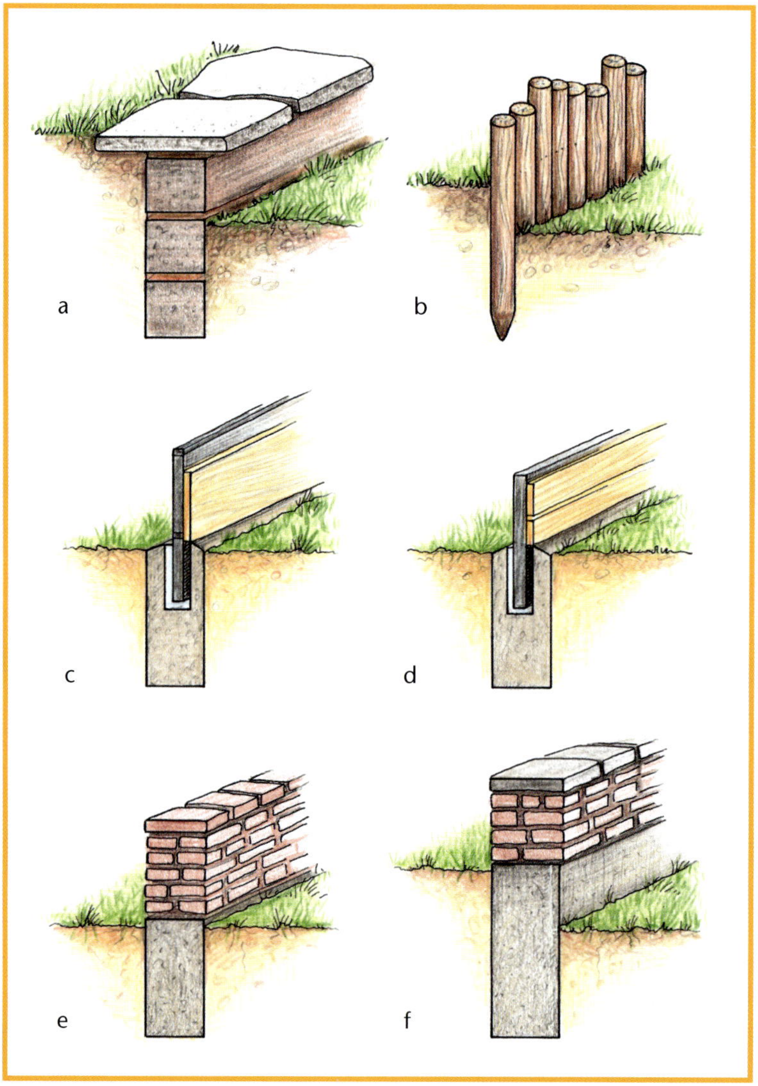

Eine Auswahl von Möglichkeiten für die Umgrenzung von Freigehegen: a) gemauert mit Betonsteinen, abgedeckt durch Gehwegplatten, b) imprägnierte Holzpalisaden, c) Tragkonstruktion aus Formrohren auf Streifenfundament; darauf kann man Drahtglas oder Asbestzementplatten montieren, d) auf Holzstehern auf einem Streifenfundament werden Bretter befestigt; das oberste wird auf Flacheisen innen überhängend montiert, e) und f) Natursteinmauern auf Beton-Streifenfundament.

Eine alte Weisheit der Tiergartenbiologie lautet: Ein Tiergehege sei nie so groß wie möglich, sondern so klein wie nötig.

Die erforderliche **Mindesthöhe** bei halbwegs glatten Oberflächen der Umfriedung soll etwa die 2- bis 3-fache Panzerlänge des größten Tieres betragen. Dieses Maß kann bis zur 1,5-fachen Panzerlänge vermindert werden, wenn eine nach innen überhängende Konstruktion das Entkommen zusätzlich erschwert. Den Ecken der Umfriedung oder Wandanschlüssen sollte dabei besonderes Augenmerk geschenkt werden.

Hat man einen dauerhaften Platz für die Landschildkröten-Freianlage festgelegt, empfiehlt es sich in Mitteleuropa und nördlich davon, die Umgrenzungskonstruktion auf ein Fundament zu stellen, das bis in Frosttiefe hineinreicht. Das hindert auch gute Grabkünstler wie *Testudo horsfieldii* daran, die Umfassung zu untergraben. Auch an Abwehrmaßnahmen gegenüber Tieren wie Hund, Katze, Marder, Iltis, Ratten, Mäuse oder Greifvögel sollte gedacht werden, denn diese können Schildkröten gefährlich werden. Dazu können mitunter höhere Absperrungen erforderlich sein oder gar ganze Überdachungen mit Netzen oder Gittern.

Risiken bergen:

- raue Oberflächen oder gar Gitter. Sie **verleiten** die Tiere **zum Klettern**. Oft fallen sie dabei auf den Rücken.
- besonders Gitternetze oder -stäbe, denn die Tiere **erkennen sie nicht** als Abgrenzung und versuchen oft, unaufhaltsam durchzukommen.
- horizontale Fugen, herausragende Äste, Nägel und Ecken, weil sie ebenfalls **als Kletterhilfe** funktionieren.

Vorteilhaft sind:

- Stein- oder Betonmauern. Sie speichern **Wärme**, Hauswände, vorgegebene Mauern an der Nordseite halten zusätzlich **Winde** ab und sorgen somit für ein wärmeres Kleinklima.
- Möglichkeiten zur **Beobachtung** durch Einblick ins Gehege von Aufenthaltsräumen, Balkon oder von einer Sitzbank aus.

Die Größe des Geheges

Unser Gehege soll das neue Territorium unserer Landschildkröten sein. Die Größe des Territoriums einer Schildkrötenart in der Natur richtet sich nach dem Wohlbefinden, dem Klima, der Struktur der Landschaft, Partnern, dem Nahrungsangebot, Feinden oder Schutzmöglichkeiten. Wenn wir die erforderliche Größe eines Geheges für eine bestimmte Anzahl Individuen einer Landschildkrötenart ermitteln wollen im Vergleich zu natürlichen Populationsstärken im Ursprungsland, dann setzt das eine Reihe von Kenntnissen voraus. Aus wissenschaftlichen Felduntersuchungen lassen sich verschiedene Angaben entnehmen: In besonders reich besiedelten Habitaten wurden bestenfalls 50 bis 150 Landschildkröten auf einem Hektar (1 ha = 10000 m^2) gefunden. Daraus ergäbe sich mathematisch, dass eine Landschildkröte auf 200 m^2 lebt oder im Extremfall auf kaum 70 m^2. Das entspräche einem Areal von etwa 10 x 20 m oder 7 x 10 m in einem idealen Lebensraum. Tatsächlich ist das Territorium jeder einzelnen dieser 50–150 Landschild-

Die Grundfarbe des Rückenpanzers der Griechischen und Maurischen Landschildkröte kann sich von schwarz bis einfarbig gelb ohne Zeichnung erstrecken. Die Griechische Landschildkröte rechts im Bild ist außergewöhnlich hell.

kröten bedeutend größer. Ihre Lebensräume überlappen sich großflächig. Sie bewegen sich, um ihre Körpertemperatur zu verändern (abkühlen, aufwärmen), Nahrung oder einen Partner zu suchen oder sie sind auf der Flucht vor Fressfeinden oder vor Stärkeren derselben Art.

Unsere Gehegehaltung unterscheidet sich nur dadurch, dass Fressfeinde kaum vorhanden sind, alle anderen Punkte gleichen sich bei einer Gruppenhaltung. Die Größe des Geheges hängt somit weitgehend von unseren Vorstellungen ab:

- Sollen die Tiere Selbstversorger sein? Kaum Zufüttern, kaum Beaufsichtigung nötig!
- Sollen mehrere Männchen einer Art (mit Weibchen) zusammenleben?

Wenn wir diese Ziele vor Augen haben, sollte die Gehegegröße weitgehend den genannten Maßen eines idealen Naturbiotops, also gut 100 m^2 betragen. Das entspricht schon einem kleinen Garten. In Südeuropa ist das vielleicht kein allzu großes Problem. Bei einem Standort in Mitteleuropa ist es so gut wie unmöglich, die für die Tiere entsprechenden Klimabedingungen auf einer so großen Fläche herzustellen. Man sollte daher nicht das Optimum sondern das Minimum einer Gehegegröße ermitteln. Hier bieten sich, zumindest namentlich, die Broschüren über **Mindestanforderungen an die Haltung** von Reptilien an. Das Gutachten der Deut-

Folgende Arten sind nur für den fortgeschrittenen Pfleger geeignet: Köhlerschildkröte (*Geochelone carbonaria*), Sternschildkröte (*G. elegans*), Panterschildkröte (*G. pardalis*), Spornschildkröte (*G. sulcata*), Gelbkopf-Landschildkröte (*Indotestudo elongata*) und Vierzehen-Landschildkröte (*Testudo horsfieldii*).

schen Gesellschaft für Herpetologie und Terrarienkunde e.V. (DGHT) aus dem Jahre 1997 empfiehlt für die Haltung fast aller Landschildkröten folgende Vorgehensweise: Für die Unterbringung von zwei Landschildkröten berechnet sich die Gehegelänge aus der 8-fachen Panzerlänge des größeren Tieres, die Gehegebreite sei 50 % davon.

Ein Beispiel: Bei zwei Landschildkröten von 15 cm Panzerlänge errechnen sich die Mindestmaße der Gehegefläche:

$(8 \times 15) \times (4 \times 15) = 120 \times 60$ cm = 0,72 m^2.

Leider fehlt dort der Hinweis, dass es sich dabei nicht um zwei Männchen handeln sollte. Bei vier zusammenlebenden Tieren sollte die Grundfläche um 10 % vergrößert werden:

0,72 m^2 x 1,10 = 0,8 m^2.

Das entspricht Ausmaßen von 120 x 67 cm. Ab der fünften Schildkröte soll die Grundfläche um 20 % vergrößert werden:

0,72 m^2 x 1,20 = 0,86 m^2, etwa 120 x 72 cm.

Die in Niederösterreich verwendeten Mindestansprüche für Schildkröten fordern für ein bis zwei erwachsene Griechische oder Maurische Landschildkröten 2 m^2, für die Breitrandschildkröte 3 m^2 und für jedes weitere Tier zusätzlich 0,5 bzw. 0,75 m^2. Fünf Griechische Landschildkröten brauchen demnach eine Mindestfläche von 2 m^2 + 3 x 0,5 m^2 = 3,5 m^2, oder etwa 350 x 100 cm, also wesentlich mehr als bei der ersten Rechnung. Für die gemeinsame Haltung mehrerer Männchen sind allerdings beide errechneten Gehegegrößen viel zu klein!

Für die Ermittlung von Gehegegrößen bestimmter Tierarten haben zahlreiche Interessensorganisationen Haltungsrichtlinien und Mindestanforderungen verfasst. Die Ergebnisse fielen allerdings keineswegs einheitlich aus.

Für ein Freigehege im Garten oder auf der Terrasse scheint die zuletzt angegebene Größe ein akzeptables Mindestmaß. Wichtig ist es nun, zu entscheiden, ob wir unsere Landschildkröten das ganze Jahr über in der Freianlage halten, dann brauchen wir auch ein großes Schutzhaus mit Wärme- und Strahlungslampe, Ruhezonen und Winterquartier.

Wer naturähnliche Beobachtungen bei seinen Landschildkröten machen will, der sollte ein Gehege konzipieren, das die Tiere das ganze Jahr bewohnen können.

Diese Form der Unterbringung wäre langfristig anzustreben, weil sich die Tiere ähnlich wie in der Natur verhalten können und sie die aufschlussreichsten Beobachtungen erlaubt. Wir bauen gleichsam ein Terrarium im Freigehege. Wer aber nur wenig Platz auf der Terrasse, auf dem Balkon oder im Garten für ein solches Freigehege hat, stellt darin nur ein kleines, einfaches Schutzhaus für die Nächte auf und verlegt die Tiere in den Übergangszeiten oder in nassen, kalten Wetterperioden in ein Terrarium im Haus. Dort verändert man die Dauer der Bestrahlung und Beleuchtung

Die wichtigsten Einrichtungen eines Freigeheges neben dem Schildkrötenhaus sind zur Sonne gerichtete Hügel, Eiablagestellen, Sonnenschutz und Versteckmöglichkeiten.

der Jahreszeit entsprechend und setzt seine Tiere letztlich zum Winterschlaf in eine Kiste in den feuchtkühlen Keller.
Im Jahresablauf benötigt man dafür drei Gehege (Freigehege, Terrarium, Kiste) und muss durch mehrmaliges Umsetzen stark in das Verhalten seiner Tiere eingreifen. Dadurch wird verständlicherweise das Leben unserer Landschildkröten intensiv von uns gesteuert. Sie müssen sich mehrmals im Jahr an andere Gehege gewöhnen. Dieses Drei-Gehege-System ist nur eine Notlösung oder eine provisorische Möglichkeit, die Tiere und sich selber bei der Pflege kennen zu lernen. Dauerhaft sollte die Haltung aber im eigenen und im Sinne der Landschildkröten ganzjährig in einem Gehege angestrebt werden. Die Größe wählen wir unseren Möglichkeiten entsprechend zwischen den genannten Maßen der Mindestanforderungen und den Idealmaßen. Als Leitsatz gilt: nicht so groß wie möglich, sondern so klein wie erforderlich. Neben den Ansprüchen der Tiere sollte man auch die Möglichkeiten der Klimatisierung, der Überschaubarkeit, der Kontrolle, der Baukosten und des Pflegeaufwands in unsere Überlegungen einbeziehen.

Klimabedingte Maßnahmen

Das Klima in Mitteleuropa wird als feuchtgemäßigtes subozeanisches Kontinentalklima bezeichnet. Natürliche Vorkommen von Landschildkröten gibt es hier nicht. Die für die Haltung in Frage kommenden Arten leben in den in der Tabelle vereinfacht angegebenen Klimazonen.

Zunächst soll auf die in unserem Klima am ehesten haltbaren Arten wie die Ostrasse der Griechischen Landschildkröte (*Testudo*

Allgemeine Zuordnung der für Fortgeschrittene geeigneten Landschildkrötenarten zu den Klimakomplexen in wärmeren Zonen der Erde.

	Gemäßigtes Klima		Subtropisches Klima		Tropisches Klima	
	heiße Sommer, Sommer trocken	kalte Winter Winter feucht	heiße Sommer, trocken	kalte Winter feucht	ganzjährig warm trocken	feucht
Geochelone carbonaria			X		X	X
G. elegans					X	X
G. pardalis			X	X	X	X
G. sulcata					X	
Indotestudo elongata					X	X
Testudo graeca ibera	X	X	X	X		
T. hermanni boettgeri	X	X				
T. horsfieldii	X	X	X	X		
T. marginata	X	X				

Im **Frühjahr** ist es in Griechenland um 4 bis 8 °C wärmer, es fällt 8 bis 42 mm weniger Niederschlag, das sind 20 bis 51 % weniger, und die Sonne scheint monatlich 40 bis 84 Stunden länger. Das bedeutet täglich 1,3 bis 2,8 Stunden mehr (und intensiver) Sonne, also 31 bis 40 % mehr als in Frankfurt.
Erforderliche **Maßnahmen** in Frankfurt: Temperatur erhöhen, Regenschutz, zusätzliche Strahlungswärme; Tiere nicht im Freien überwintern, sie würden die Winterruhe zu spät beenden.

Im **Sommer** ist es in Griechenland um 7,5 bis 8,5 °C wärmer, es fällt 25 bis 64 mm weniger Niederschlag, das sind 45 bis 83 % weniger, und die Sonne scheint monatlich 97 bis 130 Stunden länger. Das bedeutet täglich 3,2 bis 4,3 Stunden mehr Sonne, also 60 bis 66 % mehr als in Frankfurt. Erforderliche **Maßnahmen** in Frankfurt: wie im Frühjahr.

Im **Herbst** ist es in Griechenland durchwegs um 9,5 °C wärmer, es fällt 8 bis 38 mm mehr Niederschlag, das sind 15 bis 76 % mehr, und die Sonne scheint monatlich 54 bis 86 Stunden länger. Das bedeutet täglich 1,8 bis 2,9 Stunden mehr Sonne, also 65 bis 195 % mehr als in Frankfurt. Erforderliche **Maßnahmen** in Frankfurt: Temperatur erhöhen, zusätzliche Strahlungswärme; Tiere nicht im Freien überwintern, sie würden die Winterruhe zu früh beginnen.

Im **Winter** haben die Unterschiede des Klimas kaum einen Einfluss auf die in der Erde vergrabenen Landschildkröten.

hermanni boettgeri), die Maurische Landschildkröte aus den Balkanländern (*T. graeca ibera*) und die Breitrandschildkröte (*T. marginata*) eingegangen werden. Die drei wichtigsten Klimafaktoren Temperatur, Niederschlag und Sonnenscheindauer der natürlichen Herkunft der Schildkröten wurden jenen aus einem Bestimmungsort in Mitteleuropa bereits gegenübergestellt (siehe Seite 38). Ein Vergleich von **Larisa** aus Mittelgriechenland und **Frankfurt am Main** in Deutschland soll dies noch einmal verdeutlichen:

Für Arten aus den warmen bis tropischen Klimabereichen der Erde kommt eine Freilandhaltung in Mitteleuropa nur in den wärmsten Monaten in Frage. Unsere Sommermonate werden jene Arten aus feuchten Zonen als Trockenzeit empfinden, jene aus trockenen Klimaten wiederum als Regenzeit. Die überwiegende Zeit des Jahres müssen wir ihnen klimatisierte, geschlossene Räume wie Glashäuser, Wintergärten oder große Innenterrarien anbieten. Im Haus sollten Regen- und Trockenzeiten nachgeahmt werden und auch für das erforderliche Licht und die Strahlungswärme gesorgt werden, darüber hinaus für Bodenwärme und Bodenfeuchtigkeit. Das bringt einen meist hohen technischen Aufwand mit sich, der wiederum mit höheren Kosten, Kontrollen und Wartungsarbeiten verbunden ist. Zudem steht im Haus weniger Platz für ein Landschildkrötengehege zur Verfügung als im Freien.

Temperatur im Garten erhöhen. Viele Hausfrauen und Gärtner üben das mit Erfolg bei ihren Gemüsepflanzen in Form von so genannten Frühbeeten. Das sind räumlich abgeschlossene „Pflanzenterrarien" mit transparentem Dach, etwa aus Glas- oder Stegplatten. Man macht sich dabei – und das gilt auch für Glashäuser, Wintergärten, verglaste Veranden oder Loggien – die Tatsache zunutze, dass die Sonnenstrahlen (Transmissionsstrahlung) in kurzwelliger Form

Konstruktion, Materialwahl, Größe und Ausstattung des Schildkrötenhauses hängt davon ab, ob wir die Tiere ganzjährig oder nur in den wärmeren Jahreszeiten im Freigehege halten wollen.

Tropische Landschildkröten aus Trockengebieten empfinden unsere Sommer als Regenzeit, jene aus Feuchtgebieten eher als Trockenzeit.

Für das Schildkrötenhaus gilt:

Je kleiner das Raumvolumen, desto größer ist bei Sonnenschein die Gefahr des Überhitzens. Mit dem Bau eines derartigen „Glashauses", eines transparent abgedeckten Außenterrariums, werden gleich zwei Probleme gelöst: die Erhöhung der Temperatur und der Regenschutz.

durch transparente Außenflächen in den Innenraum gelangen und dort von Bauteilflächen oder der Raumausstattung absorbiert werden. Das führt zu einer Erhöhung der Luft- und Bauteiltemperaturen. Die freigesetzte Wärme kann als langwellige Strahlung nicht mehr aus dem geschlossenen Raum entweichen, man spricht vom „Glashauseffekt" oder einer „Wärmefalle".

Überdachen wir dieses Glashaus nur teilweise transparent, dann teilen wir seinen Innenraum in eine **feuchte Ruhezone** und eine **trockene Schlechtwetterzone**. Letztere soll so groß bemessen werden wie etwa ein Zimmerterrarium, damit die Tiere in der Übergangszeit oder an kalten Tagen ein wenig Bewegungsraum haben.

Die trockene Schlechtwetterzone wird mit einer **Strahlungslampe**, etwa einer Halogen-Metalldampflampe oder Reflektorlampe wie Osram Ultra Vitalux oder Philips MLR versehen. Damit wird der dritte geforderte Punkt erfüllt: die zusätzliche Strahlungswärme. Wichtig: Damit die Tiere bei

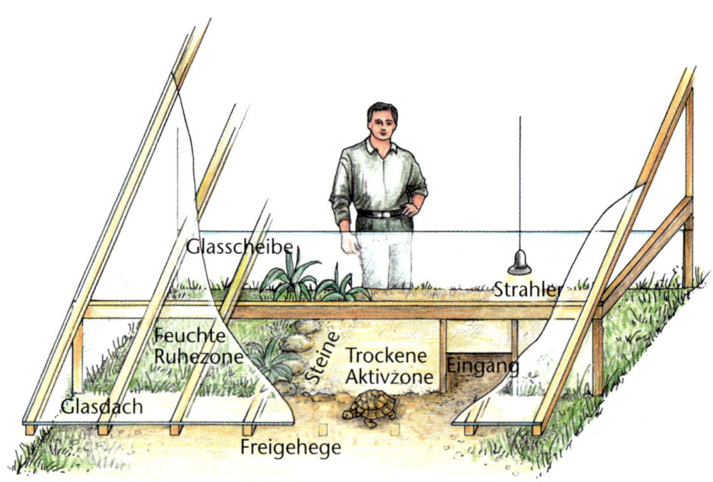

Blick in ein ideales Schildkrötenhaus (Schnitt Seite 63, Grundriss Seite 68).

Schnitt durch die Freianlage mit begehbarem Schildkrötenhaus. Grundrisszeichnung siehe Seite 68.

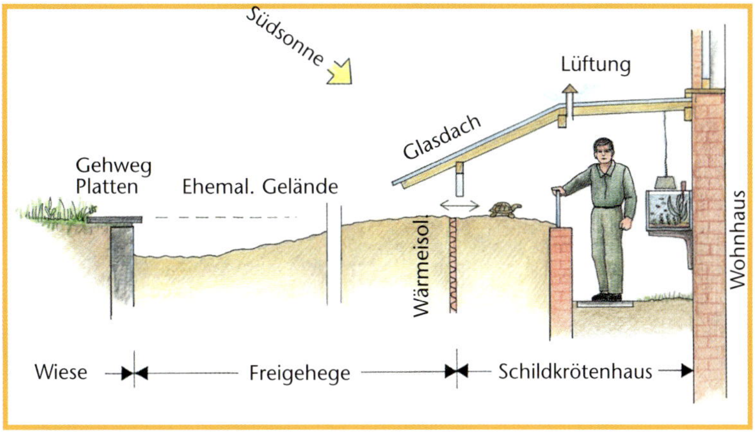

Sonneneinfall nicht überhitzen, sollte im Dach ein verschließbarer **Luftabzug** oder eine mechanisch betriebene (vielleicht wärmegesteuerte) Lüftung eingebaut sein. Eine Bodenheizung ist für europäische Landschildkröten nicht erforderlich. Der Boden würde zu sehr austrocknen. Die Wärme kommt in der natürlichen Umgebung der Schildkröten fast ausschließlich von oben.

Der nach **Südosten gerichtete Eingang** von der Freianlage ins Glashaus wird so klein gehalten, dass höchstens zwei Landschildkröten nebeneinander hindurch können. Er wird mit einer durchsichtigen, weichen, geteilten Plastikschürze in der Übergangszeit abgedeckt, im Winter verschlossen, im Sommer eventuell erweitert. Das Dach des Glashauses sollte über dem Freigehege noch 30 bis 50 cm vorgezogen werden, um eine regengeschützte, halbtrockene Übergangszone zum Außenteil zu schaffen.

Im begehbaren, etwa 3 x 5 m^2 großen Schildkrötenhaus, kommen die Landschildkröten für den Betrachter in Tischhöhe von der Freianlage herein. Diese Anordnung bietet gute Bedienungs- und Beobachtungsmöglichkeiten.

Bodengrund, Bepflanzung, Einrichtung

Nach durchschnittlichen Regenfällen in unseren Breiten ist die Erde gesättigt feucht, die Wiesen und Sträucher längere Zeit nass. Setzt man sich noch Stunden nach dem Regen auf einen solchen Wiesenboden, empfindet man ihn als feucht und infolge der Verdunstung als kalt. Wer in den Herkunftsländern der **europäischen Landschildkröten** das Ende eines solchen Regens in der Natur erlebt hat, dem fiel vielleicht auf, dass der Boden keineswegs so nass war und sich bei den ersten Sonnenstrahlen danach schon wieder warm anfühlte. Das ist darauf zurückzuführen, dass es

Die Umgrenzung des Freigeheges zum Garten hin bildet eine etwa 30 cm hohe Betonsteinmauer, auf der etwas auskragend Natursteinplatten verlegt sind.

dort viel seltener regnet und die Böden in den Schildkröten-Biotopen wasserdurchlässiger sind. Sie wirken durch den hohen Anteil an Sand und Steinen als Wärmespeicher. Es wurde bereits geschildert, dass die Tiere feuchte Böden nur in der heißesten Zeit des Jahres aufsuchen. In unseren, dem Regen ausgesetzten Freigehegen sollten wir demnach ebenso wasserdurchlässige Böden anbieten.

Ein zweckdienlicher **Bodenaufbau** besteht aus lockerer Erde, Sand, Kies und Steinen in einer 30 cm dicken Schicht. Eine **Trockenzone** gestalten wir in Form eines nach Süden gerichteten Hügels. Dort erhöhen wir den Anteil an Sand und Steinen, die Sonne trifft oft senkrecht zur Hangneigung auf, das Regenwasser rinnt ab und dringt nicht so tief ein. Das werden die Sonnenplätze der Schildkröten in der schwachen Morgen- oder Abendsonne und die Eiablageplätze für die Weibchen.

Die **Bepflanzung** der Sonnenplätze sollte spärlich und mit niedrigem Gebüsch sein. In feuchten Tallagen setzen wir die geeigneten Wiesen- und Futterpflanzen ein und vervollständigen die mediterrane Landschaftsgestaltung mit einigen Trockengräsern und Pflanzen wie Ginster, Wacholder, Agaven, Lavendel, Minze, Wolfsmilchgewächsen, Sonnenröschen, Zistrosen, Melden, Thymian oder Kronwicken. Die südosteuropäischen Landschildkröten leben meist im trockenen Gebüsch mit wenig Baumbewuchs, hauptsächlich in Hartlaubvegetation aus niedrigen, mehr oder weniger dichten Strauchgesellschaften. In unserem Gehege sollten wir im Sommer zu dicht gewordene Gewächse schneiden

Oben links: Die wesentlich schwerer zu haltenden Unterarten der Maurischen Landschildkröte in Nordafrika, hier eine Version von *Testudo graeca graeca*, sind an den klar abgegrenzten Konturen der Bauchpanzerflecken zu erkennen.

Oben rechts: Die westliche Form der Griechischen Landschildkröte *(Testudo hermanni hermanni)* unterscheidet sich unter anderem von der östlichen Unterart „boettgeri" dadurch, dass die Zeichnung am Bauchpanzer zu zwei Längsbändern geformt ist.

oder auslichten, um ausreichend Bodenfläche der Sonne auszusetzen.

Steinaufbauten, Wurzeln oder tote Baumstämme runden die Gestaltung ab. Sie dienen nicht nur zur optischen Bereicherung, sondern auch als unbedingt erforderliche Schattenspender und als Sichtschutz gegenüber Stärkeren und Verstecke für Ruhebedürftige.

Die **südeuropäischen Landschildkröten** bevorzugen teilweise unterschiedliche Lebensräume (Habitate): die Ostrasse der Griechischen Landschildkröte (*Testudo hermanni boettgeri*) lebt auf etwas feuchteren Böden als die Maurische Landschildkröte (*Testudo graeca ibera*), die selbst in sandigen Dünenlandschaften öfters anzutreffen ist. Die Breitrandschildkröte (*Testudo marginata*) wiederum hält sich gerne an steileren Hängen mit felsigem Terrain und dornigen Sträuchern auf. Ihr dunkler Panzer verrät sie als besondere Sonnenanbeterin. Der **Bodengrund** in ihrem Schildkrötenhaus kann in der Trockenzone gleich wie im Freien beschaffen sein oder auch mehr Erdanteile enthalten – hier wird es schließlich nie regnen.

Für die **Landschildkrötenarten aus den Steppen und Tropen** sollten entweder eine Bodenheizung in höchstens der Hälfte der Bodenfläche oder Heizsteine helfen, Kalt- oder Regenwetterperioden während einer Abwesenheit des Pflegers zu überbrücken. Ansonsten sollten sie vorübergehend in das Innenterrarium gebracht werden, das für sie über einen Großteil des Jahres ohnehin unerlässlich ist.

Der als **feuchte Ruhezone** benannte Teil des kleinen Glashauses dient in der Mittagszeit als Schutz vor der großen Hitze, in der Nacht zum Schlafen und im Winter zur mehrmonatigen Winterruhe. Für diese kurz- oder langfristigen Ruheperioden suchen die Landschildkröten in der Natur meist Orte am Fuß von Büschen oder Höhlen auf. Dort hat die Sonne kaum Zutritt, das Erdreich

Um die Schildkröten im Winter vor Mäusen und Ratten zu schützen, sollte der Boden zusätzlich in 30 bis 50 cm Tiefe mit Drahtgitter ausgelegt werden.

trocknet nicht so aus, weil Pflanzenabfälle im Boden einerseits zu Humus zersetzt werden und ihn andererseits abdecken, so dass weniger Bodenfeuchte verdunstet. Wie schaffen wir dieses Mikroklima? Das **Bodensubstrat** sollte hier aus mit Sand durchsetzter Walderde bestehen und mindestens 30 cm tief sein. Die Bodenfeuchte nimmt mit der Tiefe leicht zu. Da das **abgedunkelte Dach** in diesem Bereich auch keinen Regen durchlässt, müssen wir klimaabhängig öfter durch Gießen nachhelfen. Zusätzlich wird die Erdoberfläche mit Laub, Stroh, Heu oder Pflanzenteilen abgedeckt. Damit die Schildkröten dieses Material nicht zu leicht abtragen, können wir den Schlafplatz als Bodenmulde anlegen. Etwa ab Ende November deckt man diesen Bereich für die Dauer der Winterruhe noch zusätzlich mit einer Schicht von 30 cm Laub ab.

Für die europäischen Landschildkröten und Testudo horsfieldii würde es im Winter völlig ausreichen, die Lufttemperatur im Glashaus frostfrei zu halten.

Pflegen, Bedienen, Beobachten

Naturähnliches Verhalten bei Landschildkröten lässt sich nur beobachten, wenn den Tieren die entsprechenden Voraussetzungen bezüglich Klima, Raum und Nahrung zur Verfügung stehen. Klima und Raum wurden auf den vorigen Seiten besprochen. Als geeignetes Gehege für die vier Testudo-Arten aus Südeuropa und dem Kaukasus sollte man ein Freigehege mit einem weitgehend passiv klimatisierten Schildkrötenhaus wählen, das den Tieren ganzjährig ein geeignetes Zuhause bietet.

Das Schildkrötenhaus soll zum Schutz vor Schlechtwetter und vor vermeintlichen Feinden dienen. Im Schönwetter-Freigehege kann dieses einfach und klein sein, im Ganzjahresgehege muss es höheren Anforderungen genügen.

So könnte beispielsweise ein Glashaus passiv klimatisiert werden, indem die Wärmegewinnung im Inneren ohne zusätzlichen, also aktiven, Energieaufwand wie etwa durch Sonnenkollektoren vonstatten geht. Das hat mehrere Vorteile:

– Die Tiere brauchen sich nach der Eingewöhnung nie mehr umstellen (wie in der Natur),

– sie können den geeigneten Aufenthaltsort darin klimaabhängig aufsuchen (wie in der Natur) und

– bei entsprechender Gehegegröße und schwachem Besatz brauchen sie keine Pflege (wie in der Natur).

Die **Pflege** der Tiere besteht lediglich aus maßvollem **Zufüttern**. Kontrollen beschränken sich auf die Funktionstüchtigkeit der Umgrenzung, das Zurückschneiden der Pflanzen im Sommer und das **Messen und Wiegen der Tiere** in regelmäßigen Zeitabständen. Dabei überprüft man die Tiere auch äußerlich auf Verletzungen, Zecken sowie den **Allgemeinzustand**. Bei körnigem Bodengrund ist kein Maniküren, bei richtiger Nahrung kein Feilen von Schnabelfortsätzen erforderlich. Das Einölen oder Einfetten des Panzers bedeutet eine Versiegelung der Poren und ist daher nicht sinnvoll. Solcherlei „Pflegemaßnahmen" kennt die Natur nicht.

Auch bietet die Natur kaum „Trinkschalen", höchstens in Form von Pfützen. Die Landschildkröten in den Trockenbiotopen decken ihren Flüssigkeitsbedarf durch die Nahrung, im Morgentau und, wenn vorhanden, an Wasseransammlungen. Trinkschalen im Gehege bergen die Gefahr von Keimübertragungen. Deshalb müssen sie regelmäßig desinfiziert werden. Empfehlenswerter und noch dazu eine optische Bereicherung der Freianlage wäre ein **kleiner Teich** mit flachen Ufern und Sumpfpflanzen.

Bei beschränktem Wasserangebot in der Natur stabilisieren die Landschildkröten ihren Wasserhaushalt, in dem sie wenig Wasser über die Haut und über Ausscheidungen abgeben. Weil man bei der Haltung der Schildkröten diese Balance zwischen Wasseraufnahme und Wasserabgabe nicht so exakt im Griff hat, seien zur Sicherheit eine Wasserschale im Gehege oder gelegentliche Bäder der Tiere empfohlen – besonders bei Jungtieren.

Je kleiner das Gehege im Verhältnis zur Anzahl der Tiere, desto aufwändiger wird die Pflege. Futterpflanzen werden von den Tieren gerodet und wachsen nicht schnell genug nach. Falls kein Ausweichgehege vorhanden ist, müssen wir täglich zufüttern. Unsere Hygieneaufgaben gehen nun weit über das Reinigen der Trinkschale hinaus. Die Futterstelle muss gereinigt und desinfiziert werden, Kot und Futterreste müssen entfernt und das Bodensubstrat teilweise oder komplett ausgewechselt werden.

Für das Schildkrötengehege gilt:

Höhere, sinnvolle Investitionskosten vermindern später die Betriebskosten und den Pflegeaufwand.

Etwas weniger aufwändig als Terrarien mit feuchten Biotopen sind Trockenterrarien. Futterreste und Kot trocknen schneller; das beugt Infektionen vor und diese Abfälle sind leichter abzusammeln. Schließlich sind **Kontroll- und Reparaturarbeiten** an der **elektrischen Anlage** durchzuführen.

Zu guter Letzt sollte jeder, der sich Wildtiere im Haus hält, vom Schüler bis zum Pensionär, in Abhängigkeit seines Interesses und

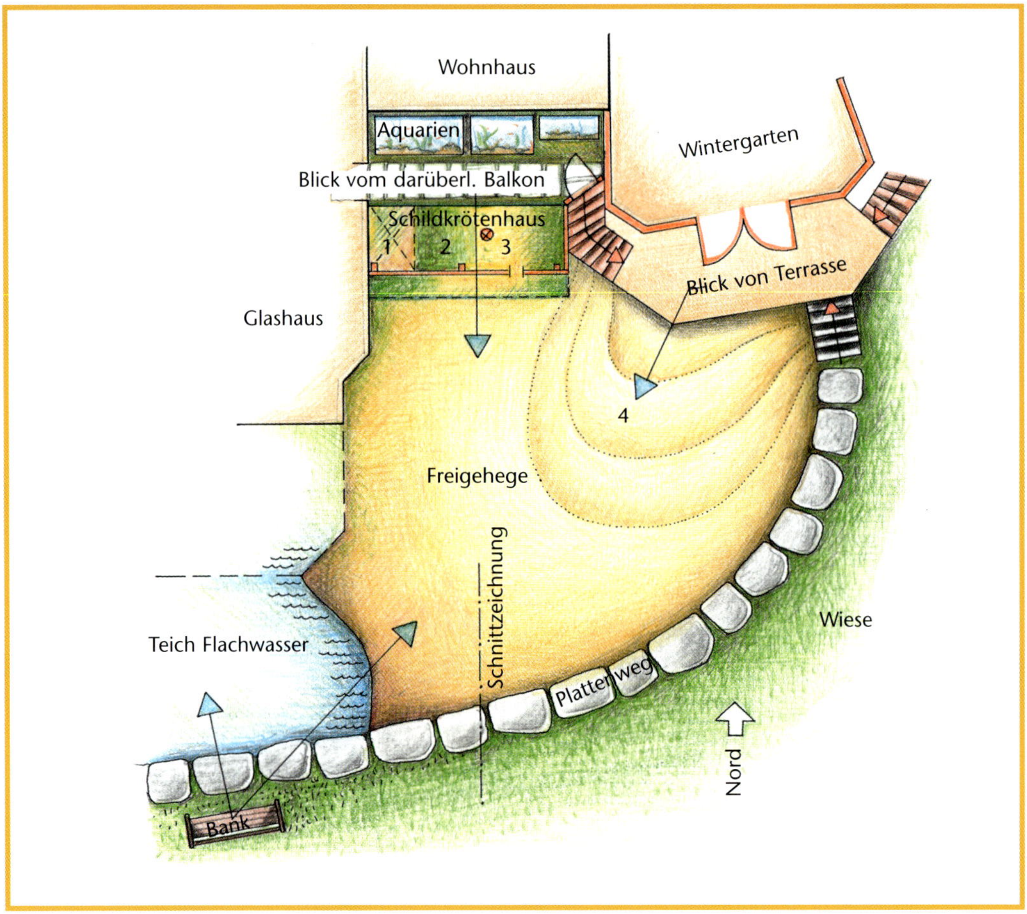

Grundriss eines idealen Landschildkröten-Freigeheges. Legende: 1 Schlafteil, 2 Trockenteil, 3 Strahlungslampe, 4 süd- und westgerichteter Hügel. Schnittzeichnung siehe Seite 63.

seiner Freizeit Raum und Möglichkeiten schaffen, das Treiben seiner Tiere entspannt und bequem verfolgen zu können. Bei meinen Besuchen bei dem weltbekannten Verhaltensforscher und Nobelpreisträger Konrad Lorenz saßen wir zum Beispiel in einem kleinen Raum vor der großen Sichtscheibe seines über 30000 Liter Wasser fassenden, tropischen Aquariums. Zwei tiefe Stühle waren die einzige Einrichtung. Licht erhielt dieser Beobachtungsraum indirekt vom Aquarium. Über Stunden versuchten wir gemeinsam, verschiedene Verhaltensweisen der Fische zu interpretieren und diskutierten darüber. Und immer wieder nahm Konrad Lorenz einen Schreibblock zur Hand und machte Notizen.

Wir sollten neben der Zeit für die nötigsten Arbeiten auch die Zeit zum Beobachten finden und vielleicht für einige Aufzeichnungen, dann wird unser Interesse an den Tieren wach bleiben.

Winterruhe

Die Frage, ob und welche Landschildkröten einen Winterschlaf halten, beantwortet den Tieren die Natur und dem Pfleger der Klimaatlas. Im nördlichen Mittelmeerraum und im Kaukasus etwa bieten die tiefen Temperaturen und die vom Frost zerstörten Pflanzen keine geeigneten Lebensgrundlagen mehr. Die einzige Möglichkeit zu überleben ist, eingegraben im Boden, in **frostsicherer Tiefe** bei einer Temperatur von **2 bis 8 °C** bei guter **Bodenfeuchte** ruhig und erstarrt, mit minimalem Stoffwechsel und Energieverbrauch, auf bessere Zeiten zu warten. Das gilt für alle wechselwarmen Tiere, unabhängig von Alter und Größe. In dieser Zeit können sie 2 bis 5 %, maximal 10 % ihres Körpergewichts verlieren.

Die Winterruhe ist eine durch das Klima und ein geringes Nahrungsangebot für wechselwarme Tiere erzwungene, vorübergehende Ruhigstellung.

Unsere Ganzjahreshaltung im Freigehege mit Schildkrötenhaus lässt die Tiere auch die Vorbereitungszeit für den Winterschlaf naturähnlich erleben. Im Wechsel von wärmeren und kälteren Tagen sinkt die Temperatur stetig. Die Tage werden kürzer, die Lichtintensität nimmt ab. In der Natur baden die Tiere nicht zur Darmentleerung; lauwarme Bäder aktivieren die Tiere und führen zum Abbau von Energiereserven. Besser für die Tiere und interessanter für uns ist es, wenn sie ihrem Instinkt folgend selbst wählen können, wann sie sich eingraben.

Wer seine Landschildkröten demgegenüber bei regnerischem Wetter und 10 °C Außentemperatur im Oktober ins Terrarium im Haus umsiedelt, sie dort bei 25 °C noch kräftig anfüttert und Mitte November beschließt, dass für seine Schildkröte der Winter beginnt, sie dann bei 10 °C in eine Kiste in dem Keller packt – das ist ein Temperatursturz von 15 °C für das Tier! – der stellt seinen Schützling vor physische und psychische Probleme. Derart misshandelte Landschildkröten versuchen oft, mit vollem Magen aus der unwirtlichen Kiste zu entkommen, sie hatten nicht die Möglichkeit, ihren Aktivitätsrhythmus auf die Winterruhe einzustellen. In diesem Fall ist zumindest ein mehrmaliges warmes Baden mit nachfolgend warmem Abtrocknen zur Entleerung des Verdauungssystems angebracht; Unnatürlichem muss dann mit Unnatürlichem begegnet werden.

Bei einer Gruppenhaltung ist meist ein Ausweichgehege zum Absondern zeitweise aggressiver Tiere erforderlich. Dieses kann auch zur Quarantäne für Neuzugänge oder Kranke verwendet werden.

Fatal endet immer eine halbherzige Winterruhe, etwa im Schlafzimmer bei 15 °C. Bei dieser Temperatur wird zu viel Energie und Körperflüssigkeit verbraucht. Schwächliche, untergewichtige oder kranke Tiere sollte man bei Aktivitätstemperaturen hal-

Die Höcker und tiefen Kerben zwischen den Hornschildern auf dem Panzer dieses Jungtieres sind Zeichen für große Fehler bei der Haltung und Fütterung. Solche Wachstumsstörungen sind nicht wiedergutzumachen.

ten und behandeln und erst danach eine verkürzte Winterpause machen lassen.

Verfügt man über kein Schildkrötenhaus mit genügender Substrattiefe für den Winterschlaf, ist man auf die mäusesichere Kiste im Keller angewiesen. Bei gleichem Substrataufbau und denselben Temperaturen wie im Schildkrötenhaus sollte diese Kiste in einem feuchtkühlen Raum ohne Heizung stehen, am besten mit Erdboden wie im Gemüse-, Wein- oder Obstkeller. In Abhängigkeit von der Raumluftfeuchtigkeit und der Temperatur muss das Substrat schwach erdfeucht, nicht nass und nicht staubtrocken gehalten werden. Wöchentliche Kontrollen sind empfehlenswert.

Im Glashaus werden die Schildkröten durch die steigenden Temperaturen aufgeweckt. Im Keller hingegen sollte man die Überwinterungskiste an eine helle Stelle stellen und ein Fenster öffnen, um sie langsam durch die wärmere Frühlingsluft zu wecken. Ist das nicht möglich, muss man sie etwa Ende März gewaltsam zum Erwachen bringen.

Nach dem Winterschlaf werden die Tiere vorerst gewogen, um festzustellen, ob sie gegenüber dem Herbst an Gewicht verloren haben. Gewichtsabnahmen durch zu hohe Temperatur oder zu geringe Feuchtigkeit sollten mit warmen Bädern mit Zugabe von einer geringen Menge von 2 bis 5 g Kochsalz je Liter Wasser ausgeglichen werden. Beim Baden nimmt die Landschildkröte mit dem Maul, in der Kloake und über die gesamte Hautoberfläche Wasser auf. Die Wassertemperatur sollte etwa 30 °C betragen, sei-

So viele Schildkröten sollten nicht in einer Kiste gemeinsam für die Winterruhe untergebracht werden. Unruhige Tiere stören dann die schlafenden und verbrauchen zu viel Energie und Reserven.

ne Tiefe so gewählt werden, dass das Tier auch mit eingezogenem Kopf atmen kann. Nach etwa 15–30 Minuten im Wasser bietet man ihm die Möglichkeit, sich in der Sonne oder unter einer Strahlungslampe zu trocknen.

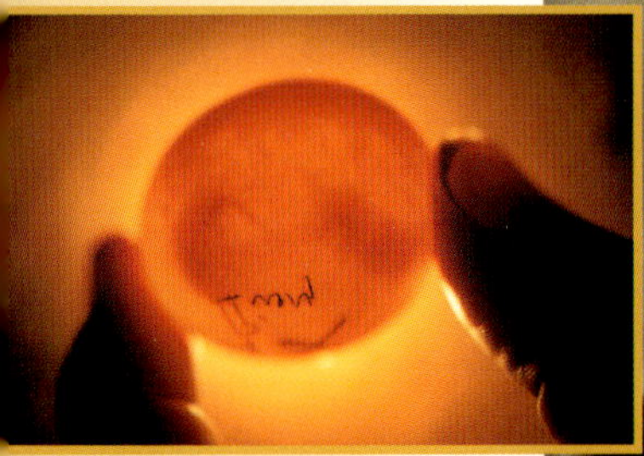

Nahrung, Gesundheit, Fortpflanzung

Nur gesunde Tiere sind schön und zeigen das natürliche Verhalten. So wie ihr Lebensraum ihrer natürlichen Umwelt so ähnlich wie möglich sein sollte, so wichtig für die Energiezufuhr, den lebenswichtigen Wasserhaushalt und damit für die Gesundheit unserer Schützlinge ist die richtige Ernährung.

Das richtige Nahrungsangebot

Anstatt der Zähne haben alle Schildkröten am Ober- und Unterkiefer Hornscheiden, die entweder glatt gerandet, gezähnelt oder hakenförmig ausgebildet sind. Sie dienen den Fleischfressern zum Erbeuten, Festhalten und Zerkleinern der Beute, den Pflanzenfressern zum Abbeißen von Pflanzenteilen. Pflanzen fressende Schildkröten haben meist gezähnelte Ränder an den Hornscheiden entwickelt. Da die Kiefer der Schildkröten nicht wie Lippen beweglich sind, muss der Kopf beim Saugtrinken weit eingetaucht werden. Im Gegensatz zu den Zungentrinkern, benötigen sie dazu tieferes Wasser. Die saugenden Pumpbewegungen sind am Hals gut zu erkennen.

Gelegentlich sollten Schildkröten frisches Obst angeboten bekommen.

Schildkröten beißen von großen Nahrungsstücken entweder ab oder versuchen, diese unter Zuhilfenahme der starken Vorderbeine und Krallen zu zerreißen. Die Bissen werden nicht zermahlen oder gekaut, sondern nur im Rachen gequetscht und gut eingespeichelt abgeschluckt. Dabei hilft ihnen die dicke Zunge.

Die Arten aus den Trockenzonen ernähren sich weitgehend vegetarisch, jene aus dem feuchten Tropengürtel nehmen neben Obst auch tierische Nahrung zu sich.

Den Vertretern der Gattung *Testudo* im mediterranen Raum und im Kaukasus stehen etwa vierzig bis fünfzig Pflanzenarten zum Verzehr zur Verfügung, diese allerdings im Laufe des Jahres in abgewandelter Form: Die zarten, saftigen Triebe und Blüten im Frühjahr sind reich an pflanzlichen Proteinen (eiweißreich) und faserarm. Gegen Sommer hin wachsen sich die Pflanzen aus, sie verlieren an Feuchtigkeit, an Proteinen, der Rohfaseranteil nimmt zu und das Kalzium/Phosphor-Verhältnis verschiebt sich zugunsten von Kalzium. Zu diesen Pflanzen gehören Wiesenblumen und -kräuter, Hülsenfrüchte und Blätter von niederen Sträuchern und Stauden.

Völlig ungeeignet sind für die Landschildkröten unnatürliche Nahrungsmittel wie Nudeln, Reis, Hunde- oder Katzenfutter (besonders aus Dosen). Dosenfutter enthält zu viel tierische Proteine für Schildkröten. Es sollte, wenn überhaupt, nur selten als Beifutter verwendet werden. Füttert man über längere Zeit zu proteinreich, können die auf schwerverdauliche Nahrung konstruierten Landschildkröten die Harnsäuresalze, die beim Eiweißabbau entstehen, nicht mehr ausreichend ausscheiden, Nierenversagen und Ablagerungen in Form von Gicht sind die Folge.

Besonders im Herbst kann man Landschildkröten beobachten, die sich an reifen Früchten von Birnen, Feigen, Hartriegel, Maulbeeren oder Brombeeren gütlich tun. Selten fallen den Landschildkröten Würmer, Schnecken, Käfer, Spinnen oder ähnliche Bodentiere zum Opfer, werden dann aber gerne angenommen. Schließlich findet man sie auch öfters beim Verzehr des Kotes von Pflanzen fressenden Säugetieren wie Ziegen oder Schafen.

Pflanzenfresser brauchen zur Verdauung höhere Temperaturen als Fleischfresser, also eine Körpertemperatur deutlich über 30 °C. Der Aufschluss und die Verwertung von pflanzlicher Nahrung im Darm ist für den Körper aufwändig. Deshalb ist er ganze Darmtrakt bei Pflanzenfressern viel länger als bei Fleischfressern. Pflanzen fressende Tiere müssen öfter und in kleineren Mengen Nahrung zu sich nehmen und der gesamte Verdauungsablauf dauert ebenfalls länger – gut zwei Wochen bei den Landschildkröten.

Pflanzliche Nahrung

Uns stehen sicherlich nicht so viele, die gleichen oder gleichwertige Pflanzen zur Verfügung. Ein denkbar schlechter Ersatz ist Salat aus dem Massenanbau, hinter Glas gewachsen und mit verschiedenen Schädlingsbekämpfungsmitteln behandelt. Achten Sie also bei Salat darauf, dass er möglichst aus kontrolliertem Anbau kommt. **Weniger geeignet** sind Chicorée, Spinat und Ampfer, sie enthalten zu viel Oxalsäure.

Wesentlich besser eignen sich Wiesenkräuter von Stellen abseits der Straßen oder aus dem Selbstanbau. Im Frühling kann man aus dem frischen grünen Angebot der Wiesen eine bunte Auswahl treffen und sie den Schildkröten anbieten. Aber bereits **Ende Juni** sollten wir Pflanzen mit **höherem Rohfaseranteil** auswählen wie Wegerich-Arten, Disteln, Gräser oder Opuntien (Feigenkakteen, die es in Töpfen zu kaufen gibt). Saftige grüne Pflanzen sollte man einen Tag lang abwelken lassen. Außerdem setzt man gegen Sommer immer mehr Anteile von Heu dem Grünfutter bei. Das mit dieser naturähnlichen Art der Fütterung immer geringer werdende Wasserangebot in der Nahrung setzt – und das ist wichtig – in unseren Gehegen erdfeuchte Ruheplätze für die Tiere voraus; sie dürfen nicht in trockenen Hütten mit Holzboden und Heustreu gehalten werden, denn sie würden austrocknen. In Zweifelsfällen kann man Bademöglichkeiten anbieten.

Obst, Gurken, Melonen und Tomaten reicht man etwa alle zwei Wochen **als Ergänzung**. Als Hauptfutter sind sie ungeeignet, da ihr Kalziumanteil im Verhältnis zum Phosphor zu gering ist. Man

Wild wachsender Löwenzahn wird von Landschildkröten mit Vorliebe verspeist.

gleicht das mit **Kalkzugaben** aus, etwa in Form von Sepiaschalen, zerriebenen Muscheln oder Eischalen.

Vitamine, Mineralstoffe, Spurenelemente
Diese Frage kann nur im Vergleich zwischen dem Nahrungsangebot in der Natur und unserem Angebot beantwortet werden. Kaum jemand vermag beispielsweise den Unterschied im Nährwert zwischen etwa fünfzig Pflanzenarten in Südosteuropa und den maximal zwanzig verwendeten Arten, die in Mitteleuropa auf anderen Böden unter anderen Klimabedingungen wachsen, exakt zu bewerten. Sicher scheint aber, dass ein überwiegendes Füttern mit den minderwertigen Kulturpflanzen (meist noch zwischengelagert) und Dosenfutter anstatt Kerbtieren Nahrungsergänzungen in Form von Vitaminen, Mineralstoffen und Spurenelementen erforderlich macht. Man sollte dann aber darauf achten, dass Vitamine nicht synthetisch hergestellt, sondern aus natürlichen Quellen sind, weil diese auch die zur besseren Aufnahme im Körper wichtigen Pflanzenbegleitstoffe enthalten. Mineralstoffe und Spurenelemente sind auch in Sepia- oder Eierschalen enthalten.

Wieviel und wie oft sollte man füttern?
In **großen Freianlagen** nur selten, qualitativ ergänzend zum darin wachsenden Futterpflanzenangebot. Die Tiere fressen dort so viel und so oft es ihnen beliebt. Die Nahrungssuche ist ein wichtiger Bestandteil im Leben der Tiere. Regelmäßiges, zu einer bestimmten Tageszeit vorgesetztes Fressen dagegen führt zu Bewegungsmangel und Reizverarmung. In **kleinen Freigehegen** und letztlich in meist engeren **Innenterrarien** gibt es zu wenig oder überhaupt kein natürlich wachsendes Futter. Dort muss das Futter immer neu eingebracht werden.

Wenn der Pfleger nicht in der Lage ist, durch Beobachtung die ausreichende Nahrungsaufnahme der einzelnen Tiere zu überwachen, dann kann er das auch gut durch regelmäßiges Wiegen kontrollieren.

Gut 90 % der Nahrung soll aus Wildkräutern (Kulturpflanzen nur ersatzweise) bestehen. Am besten ist es, wenn man sie nicht an bestimmten Futterplätzen reicht, sondern einfach möglichst am Morgen nach dem Sonnenbad und am späteren Nachmittag im Gehege verteilt. Das verursacht keine hygienischen Probleme: Grünfutterreste welken, aber schimmeln nicht, wenn man sie an trockenen Orten auslegt und sie kleben nicht am Boden. Das

gelegentlich zugefütterte Obst gibt man auf Steinplatten, die später gereinigt werden.

Krankheiten von Landschildkröten

Augenverletzungen und Entzündungen können auch bei Schildkröten vorkommen.

Landschildkröten sind auch in der Natur Träger von verschiedenen Parasiten. Seien es die äußerlich sichtbaren Zecken und Milben oder verschiedene, meist im Darm lebende Würmer, Amöben oder Salmonellen. Als Halter von Landschildkröten muss man das in dreifacher Hinsicht berücksichtigen:

– wegen der Gefährdung für den Menschen,
– dem Auftreten von Krankheiten bei eingewöhnten Tieren und
– beim Einbringen von Neuzugängen.

Es ist nicht gut, wenn Schildkröten andauernd aus ihren Gehegen genommen, gestreichelt, gedrückt, geherzt oder gar liebkost werden. Kindern fällt es naturgemäß schwer, eine neue Schildkröte freihändig zu beobachten, sie können „begreifen“ und „angreifen“ nicht auseinander halten. Eltern sollten auch im gesundheitlichen Interesse der Kinder denken und sich selbst und den Kindern zur Gewohnheit machen, nach jedem Kontakt die Hände zu waschen.

Vorsorge ist besser als Heilen. Richtige Pflege der Schildkröten erspart Tierarzt und Tränen.

Achten Sie bei der Gesundheitskontrolle der Tiere auf Folgendes:

- Die **Augen** sollen klar, voll und erhaben sein; nicht verklebt, tränend oder tief liegend.
- Das **Maul** soll sauber sein, die Zunge rosarot. Keine Schaumbildung, kein Ausfluss, kein Öffnen beim Atmen.
- Die **Nasenlöcher** sollen trocken, frei, gut sichtbar sein; nicht verklebt, verstopft, feucht oder mit einer Traube von Ausfluss oder schaumartigem Gebilde.
- Die **Ausscheidungen** soll entweder dunkel gefärbt und fest sein (Kot) oder weißlich in grießähnlicher Form (Harnsäure als Stickstoffentsorgung), nicht aber dünn (Durchfall) oder gar flüssig.

Die beste **Gesundheitskontrolle** sind **regelmäßige Beobachtungen** des Verhaltens der Schildkröten sowie von deren Ausscheidungen. Jede Landschildkrötenart hat bestimmte Verhaltensweisen entwickelt, aber auch jedes Einzeltier wird in unserer Anlage besondere Lieblingsplätze, Wanderwege oder Schlafstellen finden und nach einiger Zeit sein ganz persönliches Verhalten ausbilden. Das kann soweit gehen, dass der langjährige Pfleger fast zu jeder Tageszeit weiß, wo sich sein Pflegling gerade aufhält. Dieser Pfleger wird sofort Veränderungen in seinem Verhalten bemerken und das betreffende Tier zunächst oberflächlich kontrollieren.

Treten Symptome auf, die auf eine Erkrankung hindeuten, sollte dem Tier, von den anderen abgesondert, vermehrte Auf-

Tiere mit Krankheitssymptomen sollten von den anderen abgesondert, warm gehalten und öfters gebadet werden. Verbessert sich der Zustand nicht in wenigen Tagen, bleibt nur der Weg zum fachkundigen Tierarzt.

merksamkeit gewidmet werden und man sollte die Lufttemperatur, Luftfeuchtigkeit und Strahlungswärme erhöhen. Ferner sollte man dem Tier sein Lieblingsfutter anbieten und es in etwa 30 °C warmem Wasser baden. Wenn diese Krankheitssymptome über mehrere Tage lang anhalten, dann sollte man einen Tierarzt aufsuchen, der Erfahrung in der Behandlung von Schildkröten hat.

Parasiten

Das größte **Risiko** für Erkrankungen und Ansteckungen bilden **Neuzugänge**. Am wenigsten noch trifft das zu beim Kauf bei einem Züchter. Aber Tiere aus der Tierhandlung haben bereits einige Umstellungen und Stress hinter sich: Änderung ihres Lebensraums, durch Begutachtung und Herausnehmen durch Kinder, geändertes Klima oder die Nahrung. Das gilt besonders für Neuimporte von aus der Natur entnommenen Tieren. Dies schwächt die Tiere und besonders ihr Abwehrsystem. Konnten die Landschildkröten in der Natur oder bei guter Haltung mit ihren allgegenwärtigen Parasiten noch gut zurechtkommen, wirft sie diese Entkräftung aus dem Gleichgewicht, die Parasiten gewinnen die Oberhand. Weiße Madenwürmer (Oxyuren), Spulwürmer (Askariden, bis über 10 cm Länge) oder Flagellaten (meist Hexamiten) zehren dann an ihrem Wirt, indem sie ihm wichtige Nährstoffe entziehen und sich dabei rasant vermehren.

Bei starkem Befall mit Parasiten wirkt die Landschildkröte apathisch, frisst kaum und hat oft einen gelblich bis grünlich schleimigen Urin.

Weil starker Parasitenbefall zum Tod der Schildkröte führen kann und sich über die Ausscheidung auf andere Mitbewohner überträgt, sollte man sie unbedingt separat halten und dringend vom Tierarzt behandeln lassen.

Neuzugänge können aber auch, obwohl sie **äußerlich gesund** erscheinen, **Träger von Viren** sein. Eine besonders gefährliche Erkrankung, die in letzter Zeit hohe Ausfälle selbst bei Landschildkröten von langjährigen Pflegern verursacht hat, ist das **Herpesvirus**. Tiere, die eine Herpesinfektion überlebt haben, tragen dieses Virus ihr ganzes Leben lang in sich und scheiden es immer wieder aus; sie bleiben so eine ständige Gefahr für andere Schildkröten. Werden die Tiere geschwächt (durch Krankheit, Verkühlung, Stress, Winterschlaf), kann die Krankheit wieder ausbrechen. Herpesviren sind

Am Kot lässt sich erkennen, ob eine Schildkröte eine gesunde Verdauung hat.

durch Blutuntersuchungen festzustellen, eine Heilung ist derzeit nicht möglich. Neuzugänge sollten daher sechs Monate bis zu einem Jahr bei laufenden Kontrollen in **Quarantäne** gehalten werden. Das typische, aber nicht immer klar ersichtliche **Krankheitsbild** zeigt eine Rötung der Zunge und weiß-gelbliche, käseartige Eiterbeläge im Maul. Die Tiere haben Schluckbeschwerden, eine feuchte Nase und sind deutlich weniger aktiv. Es ist auf jeden Fall ein schlechtes Zeichen, wenn Landschildkröten in der prallen Mittagssonne verweilen.

Wer Naturleben beobachten will, der sollte sich als Pfleger im Hintergrund halten. Denn auch Füttern zu bestimmten Zeiten, an einem bestimmten Ort, vielleicht von der Hand oder mit dem Löffel führt zu Domestikationserscheinungen, zur Dressur.

Wer sicher gehen will, dass seine Schützlinge frei von Innenparasiten sind oder aber, ob er behandeln muss, der sollte regelmäßig Kotabstriche untersuchen lassen. Zur erfolgreichen Behandlung sind Aktivitätstemperaturen der Tiere erforderlich. Sie sollte demnach im Sommer durchgeführt werden, nicht im Herbst vor dem Winterschlaf und nicht im Frühjahr zur Eireife.

Wenn die Schildkröte Eier legt

In Jahren mit überdurchschnittlich hohen Frühjahrstemperaturen mehren sich die Telefonanrufe: „Meine Schildkröte hat Eier gelegt, was soll ich damit tun?" Meist ist den Anrufenden die telefonische Erklärung zu kompliziert oder der Aufwand zu groß, sie bringen das Gelege mit der abschließenden, hoffnungsvollen Frage: „Wann soll ich mich wieder melden?" Sechzig bis achtzig Tage später sind die Anrufer dann enttäuscht, wenn sie erfahren, dass die Eier sich dunkel verfärbt haben, leichter geworden sind und beim Durchleuchten keine Entwicklung gezeigt haben, auch zerbrochen oder explodiert sind. Tatsächlich können je nach Bedingungen gut 95 % der Schildkröteneier unbefruchtet sein. Wie ist das zu erklären?
In den vorausgehenden Kapiteln wurde bereits geschildert, dass die Paarung der Landschildkröten in Südosteuropa und im Kaukasus gleich nach dem Wintererwachen im April und Mai stattfindet und sich bis zum Herbst ausdehnen kann. Für die Befruchtung und die sechs- bis achtwöchige

Das Durchleuchten dieses Eies zeigt, dass sich Zwillinge darin entwickeln. Siehe auch Abbildung Seite 88.

Von der Eiablage bis zum Schlupf eines Jungtiers ist es ein weiter Weg, aber schon die Eiablagen sind ein Zeichen für gute Haltung.

Entwicklung der Eier im Weibchen sind warme Temperaturen erforderlich, wie sie bei uns in Mitteleuropa im Frühjahr selten herrschen. Die Folge: Es werden entweder keine Eier angelegt oder sie bleiben unbefruchtet. Genügend warme Temperaturen finden die Schildkröten jedoch in einem Schildkröten-Glashaus vor, so dass man auf diese Weise mit regelmäßiger Nachzucht und hoher Befruchtungsrate der Gelege rechnen kann.

Besonders im Juni sollten wir unsere Schildkrötenweibchen im Auge behalten, damit wir ihre Eiablage beobachten und die Eier daraufhin ausgraben können.

Die Männchen der genannten *Testudo*-Arten werden etwa im Alter von fünf Jahren bei einer Panzerlänge von 11 bis 13 cm geschlechtsreif, die Weibchen im Alter von 10 bis 14 Jahren bei etwa 14 bis 16 cm Panzerlänge. Die Eier ihres ersten Geleges, nur zwei bis drei an der Zahl, sind oft unbefruchtet.

Erwachsene Weibchen legen 5 bis 10 Eier, maximal 18 Eier gegen Ende Mai. Ein Drittel von ihnen legt etwa einen Monat später nochmals Eier, allerdings etwas weniger und etwa fünf Prozent der Weibchen legen Ende Juli noch ein drittes Mal. Das gilt besonders für die Ostrasse der Griechischen Landschildkröte (*Testudo hermanni boettgeri*) und die Maurische Landschildkröte (*Testudo graeca ibera*). Die Breitrandschildkröte (*Testudo marginata*) legt zweimal im Jahr, die Vierzehen-Landschildkröte *(Testudo horsfieldii)* im Süden ihres Vorkommens ebenfalls drei Gelege, allerdings mit nur 3 bis 5 Eiern. Nördlich davon legt sie nur zwei Gelege im April und Mai.

In der Natur kommen in manchen Gebieten drei bis fünf Männchen auf ein Weibchen. Dadurch wird die Befruchtung ihrer Eier im Sinne der Arterhaltung mehrfach gesichert.

Die Landschildkröten aus warmen Klimazonen legen meistens mehrmals im Jahr. Sie richten sich dabei nach den Regenzeiten, denn die Schlüpflinge sind besonders in ihren ersten Lebensmonaten auf frisches Grün und proteinhaltige Nahrung angewiesen. Es wäre im Sinne der Arterhaltung nicht sinnvoll, wenn Jungtiere zur Trockenzeit bei minimalem Nahrungsangebot schlüpfen würden. Ihr Heranwachsen wäre in dieser Zeit in Frage gestellt, und die Eiablage hätte das Muttertier nur umsonst geschwächt.

Das Weibchen hat ein passendes Loch für seine Eier gegraben.

Wenige Tage **vor der Eiablage** fressen die Weibchen kaum und wandern voller Unrast umher, riechen am Boden und kratzen zeitweise mit den Vorderbeinen. Manchmal verraten sie uns ihr Vorhaben, indem sie eine oder mehrere **Probegruben**

Wenn alle Eier abgelegt sind, gräbt sie die Grube mit den Hinterbeinen wieder zu.

ausheben, die sie dann unbenutzt wieder verlassen. Ein untrügliches Zeichen für eine bevorstehende Eiablage kann auch das **plötzliche territoriale Verhalten** eines Weibchens sein. Dabei benimmt es sich so, wie wir das nur von den Männchen kennen, reitet auf andere Schildkröten auf und führt Scheinpaarungen durch.

Meist am Vormittag, manchmal auch später, hebt es dann zur Zeit einer Schönwetterperiode an schwach bewachsenen, sandhaltigen Stellen von nach Süden und Südosten gerichteten Hängen je nach Körpergröße eine 6 bis 10 cm tiefe Grube mit den Hinterbeinen aus. In diese legt es die Eier im Abstand von ein bis fünf Minuten und schüttet die Eigrube mit den Hinterbeinen mit dem Aushubmaterial wieder zu. Der ganze Vorgang dauert etwa eineinhalb bis zweieinhalb Stunden. Dann verlässt das Weibchen ermüdet diese Stelle und ruht sich im Schatten aus. In den nächsten Tagen nimmt es mehr Nahrung auf, um den Substanzverlust wieder wettzumachen. Dieser Vorgang ist bei allen Landschildkröten ähnlich, wenngleich wenige Eier in einem Gelege auch weniger Grabarbeit erfordern als viele. Die Rekordhalter auf der einen Seite sind die kleinwüchsigen Spaltenschildkröten (*Malacochersus tornieri*) und etwa Flachschildkröten (*Homopus* sp.) oder Höcker-Landschildkröten aus Afrika (*Psammobates tentorius*) mit einem einzigen Ei und auf der anderen Seite Braune Landschildkröten aus Asien (*Manouria emys*) mit bis zu 50 Eiern in einem Gelege. Verständlicherweise sind die Eier bei Arten mit kleinen Gelegen in Relation zum Körpervolumen größer als jene bei Arten, die viele Eier pro Gelege produzieren.

Die Durchschnittsgröße der Eier der Griechischen Landschildkröte beträgt 28–35 mm Länge × 21–26 mm Breite, ihre Körperform ist leicht länglich, die der Maurischen Landschildkröte 30–42,5 × 24,5–35 mm, schwach länglich und die der Breitrandschildkröte 31–37 × 27–36 mm, ihre Form hat fast die einer Kugel. Kleine

Verschiedene Eiformen:
links: *T. marginata*,
Mitte: *T. graeca ibera*,
rechts: *T. hermannii*.

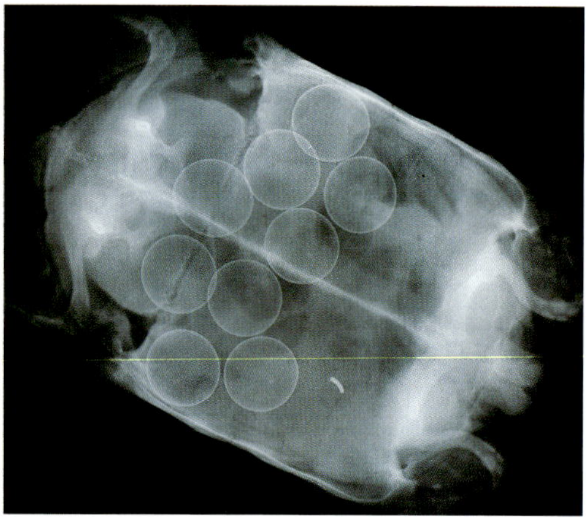

Dieses Röntgenbild entstand kurz bevor die Schildkröte ihre Eier abgelegt hat.

Weibchen legen weniger und kleinere Eier. Bei mangelhafter Ernährung, Krankheit oder zu kühler Witterung hält das Weibchen mitunter die Eier zurück. Sie werden aber weiterhin mit Kalk beschalt. Das kann zu **Legenot** führen. Um solch ein Tier zu retten, sollte dies unbedingt mittels Durchleuchtung vom Tierarzt abgeklärt werden.

Eientwicklung und Schlupf

Die Eier bleiben in der Erde sich selbst und der Erdwärme und Feuchtigkeit überlassen. Lediglich von *Manouria emys* in Asien ist eine einfache Form der Brutpflege, oder besser der Nestpflege, bekannt. In der Natur werden viele Eier von Kleinsäugern, Vögeln, Echsen oder Schlangen aufgespürt und gefressen.

In unseren Breiten ist es für die Eientwicklung zu kalt und erfolgreiche Schlupfergebnisse aus Eiern, die im Mutterboden belassen wurden, sind äußerst selten. Man sollte sie daher mit einem Löffel vorsichtig ausgraben und sogleich, **ohne sie zu drehen**, mit einer Markierung am höchsten Punkt kennzeichnen.

Befruchtete Eier verfärben sich kalkweiß, bleiben schwer und geruchlos. Nicht befruchtete verfärben sich nach einigen Wochen dunkel und nehmen an Gewicht ab.

Das ist deshalb erforderlich, weil sich der schwere Eidotter etwa einen Tag nach der Eiablage im unteren Bereich absetzt und die Keimscheibe und das Eiklar an der Oberseite zu liegen kommen. Ein Verdrehen nach diesem Vorgang führt zum Absterben des Keimes. In eine bereitgestellte Schale betten wir die Eier in das ursprüngliche Nestsubstrat, eine Erde-Sand-Mischung, so dass sie von allen Seiten davon umgeben sind.

Entscheidend für die weitere Entwicklung außerhalb des Mutterkörpers sind nun die **Substrattemperaturen** in Abhängigkeit von der Umgebungstemperatur und die Substratfeuchte in Abhängigkeit der Luftfeuchte. Die Eier von Landschildkröten aus Wüsten- und Steppengebieten werden sehr trocken gezeitigt (Zeitigung = Bebrüten unter künstlichen Bedingungen, etwa im Brutschrank), für die europäischen Landschildkröten reicht schon die Luftfeuchte eines bepflanzten Wintergartens. Jene aus den Feuchtgebieten brauchen einige Zeit eine hohe Luftfeuchtigkeit, überstehen dann die Trockenzeit, indem sie das Schlüpfen hinauszögern (embryonale Aestivation). Das Einsetzen der Regenzeit regt die Jungtiere dann zum Schlupf an.

Die Substrattemperatur bestimmt einerseits die Geschwindigkeit der Eientwicklung, andererseits interessanterweise auch die **Entwicklung der Geschlechter**. Landschildkröten haben keine geschlechtsspezifischen Erbanlagen (= Chromosomen). Die embryonale Geschlechtsbestimmung findet nicht im Muttertier statt, sondern außerhalb und zwar am Ende des ersten und Anfang des zweiten Drittels der Inkubationszeit (= Zeit der Bebrütung). Diese beträgt bei einer mittleren Zeitigungstemperatur von 30 °C bei *Testudo graeca ibera* etwa 70 Tage, bei *Testudo hermanni boettgeri* 65 Tage, bei *Testudo marginata* 70 Tage und bei *Testudo horsfieldii* etwa 72 Tage. Das heißt, das Geschlecht wird bei diesen Arten etwa zwischen dem 20. und 30. Tag nach der Eiablage festgelegt. Beträgt die Subtrattemperatur in diesen Tagen weniger als 30 °C, entstehen nur männliche Tiere. Bei 31,5 °C (Schwellentemperatur) wird das Verhältnis der Geschlechter ausgewogen, bei 32 und 33 °C entwickeln sich überwiegend bis ausschließlich Weibchen. Unter 24 °C und über 35 °C sterben die Embryonen ab. Noch bei einer konstanten Temperatur von 25 °C entwickeln sich schwächliche Jungtiere. Die Maurische Landschildkröte (*Testudo graeca*) unterscheidet sich nur insofern, als noch bei 30 °C fast ausschließlich männliche, aber bereits bei 31 °C fast ausschließlich weibliche Tiere entstehen.

Der Schlupf hat begonnen.

Erbrüten im Inkubator

Die gewünschten Inkubationstemperaturen sollte man aber nicht mittels Strahler oder Bodenheizung erzielen, sie würden das Substrat zu sehr austrocknen. Wenn man die Temperatur in einem Raum nicht erreichen kann, sollte man eine **Brutanlage (Inkubator)** benutzen.

Man kann sie kaufen aber auch leicht selbst herstellen: Dazu füllt man ein Aquarium etwa 10 cm hoch mit Wasser und erwärmt dieses mit einem **Aquarienheizer**. Darüber wird die Schale mit dem Substrat und den Eiern (etwa auf einen Ziegel) gestellt, die Temperaturwerte richten sich danach, welche Geschlechter man zur Entwicklung bringen möchte. Der Inkubator wird noch mit einer Glasscheibe **abgedeckt** (keineswegs dicht) und so in einen

System eines Brutbehälters zur Zeitigung von Schildkröteneiern.
Legende: 1 Wasser, 2 unglasiertes Tongefäß, 3 Eisubstrat, 4 erwärmte Luft, 5 Thermometer, 6 Heizstab.

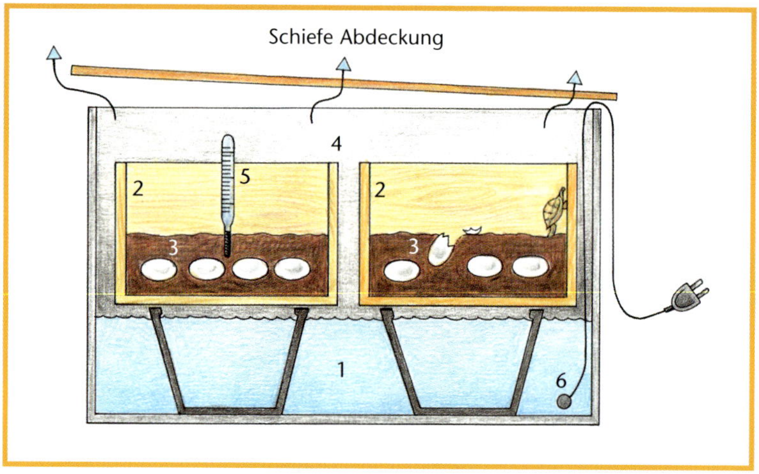

möglichst warmen Raum gestellt, dass kein Schwitzwasser entsteht und auf die Eier tropft. Mit dem **Thermometer** kontrolliert man die Substrattemperatur, dann heißt es warten.

Die Geburt einer Landschildkröte

Der **Schlupf** eines Jungtiers kündigt sich nicht immer äußerlich sichtbar an. Etwa ab dem 60. Tag der Inkubation kontrolliert man die Eier, bis man den ersehnten Sprung oder einen Bruch in der Eischale feststellt.

Beim Schlupf einer gesunden Schildkröte sollten wir nicht eingreifen! Es ist natürlich, dass vom Öffnen des Eies bis zum Verlassen desselben bis zu drei Tage vergehen können.

Wer den manchmal über mehrere Tage dauernden Vorgang der Geburt einer Landschildkröte verfolgen will, der sollte das betreffende Ei mindestens in seiner oberen Hälfte aus dem Substrat freilegen. In der Natur zerschneidet das Junge mit einer eigens dafür entwickelten **Eischwiele**, einer spitzen Vorwölbung der Haut unter den Nasenlöchern, die Eihaut, bricht danach mit Eischwiele und Vorderbeinen die Eischale auf, vergrößert mit Kopf und Vorderbeinen die Öffnung und dreht sich im Ei.

Dann zerstört das Junge die Eischale so weit, bis entweder eine für den Schlupf ausreichend große Öffnung entsteht oder das Ei gleichsam halbiert in zwei beweglich verbundene Teile zerbirst. Zu dieser Zeit besitzt das Tier oft noch einen bis zu erbsgroßen, bei der Gattung *Geochelone* bis zu kirschgroßen **Dottersack**, der die Beweglichkeit des Neugeborenen sehr beeinträchtigen würde. Daher verbleibt das Junge oft noch ein bis drei Tage im Ei, den Kopf meist zum unversehrten Teil des Eies hin gedreht.

Die Dauer der Embryonalentwicklung setzt sich aus der Tragzeit (im Muttertier) und der Inkubationszeit (nach der Eiablage) zusammen; beide dauern je etwa zwei Monate. Inkubationszeit ist jene Zeitspanne, die für die Zeitigung erforderlich ist.

Schlupf eines Jungtieres von *Testudo graeca ibera*. Die Eischwiele ist noch gut zu sehen.

Oft liegen die Jungen über eine Querfalte geknickt im Ei und strecken den Panzer in den ersten Tagen. Besonders augenscheinlich ist das bei der Vierzehen-Landschildkröte (*Testudo horsfieldii*). Sie legt große, längliche Eier. Darin liegt das Junge meist quer zur Eilängsachse, sein Panzer erscheint daher nach dem Schlupf kürzer, als er breit ist. Es ist für das Tier dann wesentlich leichter, mit einem inzwischen weitgehend eingezogenen Dottersack das Ei zu verlassen und sich an die Oberfläche zu graben.

Wenn das Ei Ende Mai gelegt wurde, dann findet der Schlupf etwa Anfang August statt, bei späteren Gelegen im September. Die **Jungtiere** suchen nun geschützte, meist pflanzenbedeckte Stellen auf, wo sie sich den ganzen Herbst über aufhalten und sich nur ab und zu der schwächeren Morgen- und Nachmittagssonne in offeneren Bodenbereichen aussetzen. Ihr Bewegungsbedürfnis ist gering und sie würden nur Fressfeinde auf sich aufmerksam machen. Die kühleren Tage des Herbsts veranlassen sie, sich in der Nähe ihres Geburtsorts wieder in den schützenden Boden einzugraben. Wegen ihrer versteckten Lebensweise sind junge Schildkröten in der Natur nur sehr selten zu finden.

Die Aufzucht der Schildkrötenbabys

Inwieweit unterscheiden sich Jungtiere in der Haltung von erwachsenen Landschildkröten und was muss man bei ihrer Aufzucht besonders beachten?

Die jungen Schildköten haben **wenig Bewegungsbedarf**. Im ersten Lebensjahr reicht als **Aufzuchtterrarium** eine Wanne aus Plastik oder Holz, entsprechend der Anzahl der Jungtiere etwa 30 x 60 x 20 cm oder 40 x 80 x 20 cm groß. Sie sollte vom Gewicht her leicht sein und gut durch Türen zu tragen, um sie an sonnigen Tagen bequem ins Freie, in den Garten oder auf den Balkon bringen zu können.

Richten Sie dieses Aufzuchtterrarium wie folgt ein:

Jungtiere suchen feuchte Mikrohabitate auf, sie vergraben sich öfters im Boden und leben eher versteckt.

Daher wird ein **Bodengrund** aus einem Sand-Erde-Gemisch etwa 7 cm dick eingebracht. Von der Fläche her in drei Drittel aufgeteilt dient ein Drittel als **Ruhe- und Schlafplatz**, eines als

Tragbares Aufzuchtterrarium für Landschildkrötenbabys.

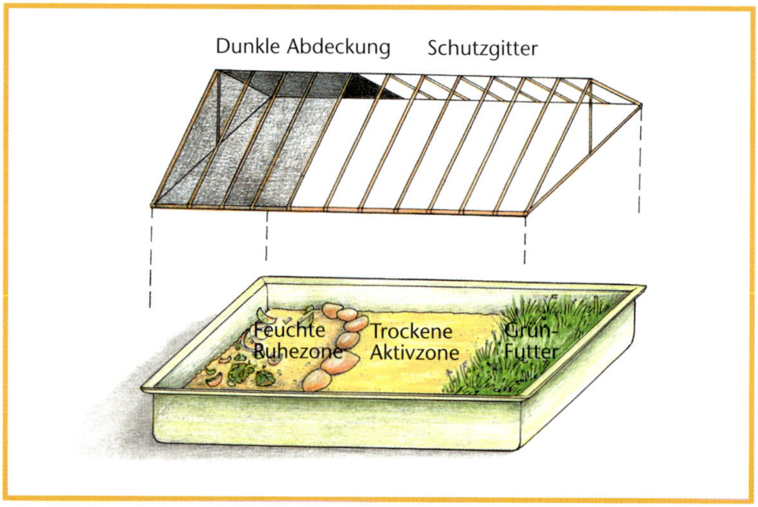

Anwärm- und Sonnenplatz und das dritte als **Futterplatz**. Der Bodengrund am Schlafplatz wird stets leicht feucht gehalten, besonders die untere Schicht. Die Bodenfeuchtigkeit ist neben der kalziumreichen Nahrung für das glatte Wachstum von Rücken- und Bauchpanzer verantwortlich. Eine **Abdeckung** aus Stroh, Heu oder Laub hält die erwünschte Feuchtigkeit im Boden besser und dient den Tieren als Versteck. Man **badet** die Jungen ein- bis zweimal die Woche, Arten aus feuchteren Klimazonen öfters, oder bietet ihnen eine Wasserschale an.

Jungtiere überhitzen leicht.

Deshalb deckt man den Schlafteil mit einer leicht abnehmbaren, lichtundurchlässigen Platte ab. Dadurch wird die Luftfeuchtigkeit besser gehalten, die Fläche abgedunkelt und, egal wie die Wanne zur Sonne steht, immer Schatten geboten.

Jungtiere sind auch bei uns Fressfeinden ausgesetzt.

Als Schutz vor Hunden, Katzen, Mardern oder auch Krähen deckt man den offenen Rest des tragbaren Geheges mit einem leicht abnehmbaren Gitter ab. Die Maschenweite sollte das Durchstecken von Grünfutter ermöglichen.

Jungtiere brauchen im Vergleich mehr und öfters Nahrung und Wärme.

Damit den Tieren jederzeit und unabhängig von unserer Anwesenheit frisches Futter zur Verfügung steht, kann man im Futterteil Wiesenkräuter ansähen. Für die für den Stoffwechsel der Tiere erforderliche Wärme genügt eine Wärmelampe, wenn wir die Tiere oft der ungefilterten Morgen- und Nachmittagssonne aussetzen. Die Leistung des Strahlers und seine Entfernung wird so gewählt, dass der wärmste Ort im Trockenteil etwa 40 °C Bodenwärme erreicht. Zur Nachtabsenkung werden die Wärmequellen ausgeschaltet und im November das Gehege in der Nacht kühl gestellt (10 bis 15 °C). Die Einschaltdauer wird gegen den Winter zu immer weiter vermindert. Nur an kühlen Tagen lassen wir die Tiere fasten.

Fütterung, Proteine sind nötig zum Aufbau von Eiweiß im Körper und deshalb für wachsende Jungtiere besonders wichtig.

Das Kalzium/Phosphor-Verhältnis der Nahrung soll möglichst 3:1 betragen. Ist der **Kalziumanteil** zu gering, wird dieser Mineralstoff aus der Knochensubstanz geholt. Das äußert sich in einer unnatürlichen Höckerbildung des Rückenpanzers. Daher ist bei der Fütterung darauf zu achten, dass nur wenig Obst angeboten wird, und wenn, dann vornehmlich Aprikosen, Brombeeren, Kiwi oder Papaya. Noch seltener, nur 1- bis 2-mal im Monat, brauchen Jungtiere tierische Kost. Damit das Kalzium vom Körper der Landschildkröten aufgenommen werden kann, ist auch Vitamin D_3 nötig. Anders als alle anderen Vitamine bildet sich Vitamin D_3 unter dem Einfluss von UV-Strahlen aus Vitaminvorstufen in der Haut. Ungefiltertes Sonnenlicht ist demnach ganz wichtig. Auch Sepiaschalen (vom Tintenfisch), Muschelgries oder Eischalen sollten den Jungtieren zur Verfügung gestellt werden.

> Vermeiden Sie unbedingt so genannte Dampfaufzuchten durch zu proteinreiche, rohfaserarme Fütterung, zu wenig Licht und Wärme und ohne Winterschlaf. Das Ergebnis wären viel zu schnell wachsende, buckelige, flach und weich entwickelte Panzer und Rinnenbildung zwischen den Hornschildern. Solche Panzer sehen jenen der Wildtiere nicht einmal mehr ähnlich.

Zur Ergänzung des Wasserhaushalts sind gelegentlich Gurken, Tomaten oder Melonen sinnvoll. Noch nicht wissenschaftlich geklärt ist, warum die Jungen bald nach dem Schlupf den Kot von erwachsenen Schildkröten aufnehmen. Man vermutet, dass sie auf diese Weise ihre Bakterienflora im Darm aufbauen. Dadurch besteht allerdings die akute Gefahr von Krankheitsübertragungen. Nur Kot von einwandfrei gesunden Tieren sollte deshalb zur Verfügung stehen.

Erste Winterruhe und Erwachen im Frühjahr.

Die Jungen fressen noch ausgiebig bis Ende Oktober. Im November bereitet man sie durch Absenken von Licht und Temperatur auf die Winterruhe vor. Diese verbringen sie in ihrem Gehege in einem kühlen, leicht feuchten Raum bei Temperaturen von 6 bis 10 °C über zwei bis drei Monate. In dieser Zeit gibt es ohnehin kaum gehaltvolles Grünfutter.

Das Frühlingserwachen erfolgt, indem man das Terrarium an

schönen Tagen Ende Februar in ein lichtes Zimmer trägt. Anfang März schaltet man die Wärmelampe wieder ein, in immer länger werdenden Phasen. Die stärker werdende Sonne und die Wärme sorgen zugleich mit einem ausgiebigen Nahrungsangebot für den zweiten, aber wesentlich deutlicheren Wachstumsschub im Frühjahr.

Zwillinge und ein einzelnes Jungtier aus demselben Gehege unterscheiden sich deutlich durch ihre Größe.

Größe, Wachstum, Lebenserwartung

Die Schlüpflinge der vier Testudo-Arten unterscheiden sich in Größe und Gewicht: Wenige Tage nach der Geburt haben die *T. hermanni boettgeri*-Jungtiere im ausgestreckten Zustand eine Länge von 30 bis 34 mm und wiegen 10 bis 12 g; *T. graeca ibera* hat Schlüpflinge von 32 bis 36 mm bei einem Gewicht von 12 bis 15 g; bei *T. marginata* sind die Schlüpflinge 32 bis 35 mm lang und wiegen 12 bis 15 g, wohingegen die von *T. horsfieldii* 30 bis 35 mm lang und 12 bis 16 g schwer sind.

Bereits einen Monat nach dem Schlupf erkennt man an den Nähten der Schilder das erste Wachstum. Wesentlich deutlicher ist dieser Wachtumsschub dann im Frühjahr an den Schildrändern des Panzers zu sehen. Im Alter von einem Jahr sollten die Jungtiere von *Testudo hermanii* etwa 48 bis 52 mm messen, bei einem Gewicht von 25 bis 35 g. Nach zwei Jahren etwa 56 bis 60 mm bei 48 bis 65 g, nach drei Jahren 75 bis 90 mm bei 95 bis 150 g. *Testudo graeca ibera* und *T. marginata* wachsen etwas schneller, auch werden die Weibchen bei Testudoarten schneller groß als die Männchen. Das gilt keineswegs für alle Landschildkröten; das extreme Gegenteil: Bei der Spornschildkröte (*Geochelone sulcata*) werden die Männchen gut doppelt so schwer wie die Weibchen.

> Es ist schwieriger, Jungtiere gesund aufzuziehen, als erwachsene Tiere gesund zu erhalten.

Mit dem Wachstum verändern die Jungtiere auch ihre **Körperform und -farbe**. Sie werden von oben gesehen länglicher und im Farbton dunkler. Ein deutlicher Wandel ist feststellbar, wenn die Tiere geschlechtsreif werden. Besonders bei *Testudo hermanni boettgeri* entwickeln die **Männchen** einen viel größeren, dickeren und längeren Schwanz. Die Randschilder des Rückenpanzers werden im Bereich der Hinterbeine nach außen gestellt und das

Die typische Ausstellung der hinteren Randschilder bei der Breitrandschildkröte entwickelt sich erst im geschlechtsreifen Alter von etwa zehn Jahren. Sie wird bei den Männchen besonders augenscheinlich. Bei den ausgewachsenen Weibchen zeigt sich die Glockenform nur angedeutet.

Schwanzschild nach innen gebogen, während es bei den **Weibchen** gerade verläuft.

Etwa ab dem 10. Lebensjahr verlangsamt sich das Wachstum und wird ab 15 cm Panzerlänge fast eingestellt. Bei Längenangaben gibt man immer das Stockmaß an, die gerade Strecke vom vordersten zum hintersten Punkt des Panzers. In der Natur erreichen *Testudo hermanni boettgeri* im Durchschnitt 13 bis 16 cm (Männchen) und 15 bis 18 cm (Weibchen) Panzerlänge. Tiere mit 19 cm oder 21 cm Panzerlänge der beiden Geschlechter stellen schon Extremwerte dar. *Testudo graeca ibera* wird etwas größer, *Testudo marginata* erreicht 25 bis 28 cm Panzerlänge im Schnitt, wobei die Männchen die charakteristische glockenförmige Ausstellung der hinteren Randschilder entwickeln.

Die Rekordmaße von in der Natur gefundenen Landschildkröten liegen deutlich über den genannten Werten. Die größte *Testudo hermanni boettgeri* wurde in höheren Lagen gut 1000 m über dem Meeresspiegel in Südbulgarien gefunden und maß 350 mm Panzerlänge bei 6500 g Gewicht. Aus demselben Gebiet stammt die größte *Testudo graeca ibera* mit 389 mm und fast 7000 g Gewicht. *Testudo marginata* soll in der Natur 40cm Panzerlänge erreichen und *Testudo horsfieldii* findet man bis zu 286 mm Panzerlänge und 3700 g. Die durchschnittliche und maximale Größe einer Art ist auch ortsbedingt verschieden. Auf einem beschränkten Raum werden öfters auch kleinwüchsige Schildkrötenpopulationen gefunden oder vorwiegend dunkle oder fast einfarbig gelbe Tiere (siehe Foto Seite 58).

Die **Lebenserwartung** von Landschildkröten in der Natur ist überraschend niedrig. Der Verlust der Eier durch Nesträuber soll zwischen 40 bis 95 % betragen. Von den Jungtieren werden Überlebensraten von 10 bis 55 % berichtet, im Alter von 10 bis 15 Jahren sterben 5 bis 10 % und unter adulten Tieren 10 bis 15 % im Jahr. Ein kompletter Generationenwechsel findet etwa alle zwanzig Jahre statt und dreißig Jahre alte Tiere werden schon selten gefunden. Mit Sicherheit können europäische Landschildkröten ein Alter zwischen 50 und 100 Jahren erreichen, die Maurische Landschildkröte wahr-

Die kleinste Landschildkrötenart, *Homopus signatus*, eine Art der südafrikanischen Flachschildkröte, erreicht ausgewachsen nicht einmal 10 cm Panzerlänge. Die größte, die Riesenschildkröte von den Seychellen-Inseln, Geochelone (*Dipsochelys elephantina) gigantea*, kann 120 cm lang (Stockmaß) und über 200 kg schwer werden.

Männchen und Weibchen der Breitrandschildköte lassen sich auch an der Form des Schwanzes auseinanderhalten: links Männchen, rechts Weibchen.

scheinlich noch mehr. Den Altersrekord halten die Riesenschildkröten, von denen Berichte über Tiere vorliegen mit einem Lebensalter von 200 Jahren.

Oft ist leider unsachgemäße Pflege der Grund dafür, dass die durchschnittliche Lebenserwartung der Landschildkröten in menschlicher Obhut unter den Werten in der Natur liegt, obwohl der Faktor Fressfeind fast ausgeschaltet ist. Dagegen zeugen immer mehr Nachzuchterfolge von einer Bewusstseinsänderung bei den Pflegern, und langfristige Haltungs- und Altersangaben zeigen eine erfreuliche Entwicklung. Hier einige Beispiele: Eine weibliche *Testudo marginata* kam 1943 mit etwa 5 cm Panzerlänge in menschliche Pflege. 1995 hatte sie eine Panzerlänge von 403 mm erreicht und wog 8150 g. Eine *Testudo hermanni boettgeri* wurde im Alter von 6 Jahren erworben. Nach 28 Jahren Pflege maß sie 300 mm Panzerlänge, eine andere derselben Art wog im Alter von etwa 40 Jahren 4500 g bei 300 mm Panzerlänge. Ein Weibchen kam halbwüchsig im Jahr 1943 zu einer Familie und hat heute ein Gewicht von 3300 g bei 26,4 cm Panzerlänge. Ein älterer Mann erzählte, dass sein Großvater 1925 eine kleine Landschildkröte aus Mazedonien mitgebracht habe, die heute noch, im geschätzten Alter von über 80 Jahren bei ihm lebe. Sie habe vor sieben Jahren noch Eier gelegt.

Dieses ungewöhnlich große Weibchen der Griechischen Landschildkröte kam etwa 1946 als Jungtier nach Österreich, ungefähr sechs Jahre alt. Heute ist es also gut sechzig Jahre und es zeigt keinerlei Alterserscheinungen.

Anhang

Literatur

Brabenetz, E., F. Luttenberger & H. Schwammer (1996): Haltungsrichtlinien, Mindestansprüche für Schildkröten. Literas Universitätsverlag, Oberwart.

DGHT (1997): Gutachten über Mindestanforderungen an die Haltung von Reptilien.

Ernst, C.H. & R.W. Barbour (1989): Turtles of the world. Smithsonian Institution Press, Washington, London.

Falk, A. (2000): Grundkurs Terraristik. Verlag Eugen Ulmer, Stuttgart.

Hediger, H. (1965): Mensch und Tier im Zoo: Tiergartenbiologie. A. Müller Verlag, Zürich, Stuttgart, Wien.

Henkel, F.-W. & W. Schmidt (1999): Terrarien – Bau und Einrichtung. Verlag Eugen Ulmer, Stuttgart.

Herrmann, H.J. (1994): Das Terrarium für den Anfänger, Tetra Verlag, Melle.

Highfield, A.C. (1996): Practical Encyclopedia of Keeping and Breeding Tortoises and Freshwater Turtles. Carapace Press, London.

Inozemtsev, A.A. (1997): Ecological Distribution and Population Dynamics of the Mediterranean Tortoise, *Testudo graeca nicolskii*, in the Xerophic Forests of the Western Caucasus, Southern Russia. Chel. Cons. and Biology 2(4), 567-572.

Iverson, J.B. (1992): A revised checklist with distribution maps of the turtles of the world. Privately printed, Richmond, Indiana.

Kirsche, W. (1997): Die Landschildkröten Europas; Biologie, Pflege, Zucht, Schutz. Mergus Verlag, Melle.

Müller, V. & W. Schmidt (1995): Landschildkröten. Natur und Tier Verlag, Münster.

Nöllert, A. (1987): Schildkröten. Landbuch Verlag, Hannover.

Obst, F.J. (1985): Die Welt der Schildkröten. A. Müller Verlag, Leipzig.

Paraskiv, K.P. (1956): Reptiles of Kazakhstan. AN kaz SSR, Alma Ata: Kazakhstan.

Praschag, R. (1977): Revierverhalten einer weiblichen *Testudo graeca ibera* PALLAS, 1814. Das Aquarium 98:350-352.

Praschag, R. (1986): Aquarien- und Terrarienbauten. Dissertation an der TU Graz.

Rössel, D. (1998): Reptilienhaltung – die rechtliche Seite. in: Falk, A. (2000): Grundkurs Terraristik. Stuttgart (Ulmer)

Stubbs, D. & I.R. Swingland (1985): The ecology of a Mediterranean tortoise (*Testudo hermanni*): a declining population. Can. I. Zool. 63(1): 169-180.

Süss, R. & M. Malter (1991): Vom Mythos der Schildkröte; das Urtier als Glücksbringer. Druckerei Hitzegrad, Dortmund.

Wermuth, H. & R. Mertens (1961): Schildkröten, Krokodile, Brückenechsen. G. Fischer Verlag, Jena.

Zeitschriften

Die Aquarien- und Terrarienzeitschrift (DATZ). Verlag Eugen Ulmer, Postfach 700561, D-70574 Stuttgart.

Reptilia. Terraristik-Fachmagazin, Natur und Tier-Verlag, Münster.

Herpetofauna. Postfach 1110, D-71365 Weinstadt.

TI-Magazin. Tetra-Verlag, Postfach 1580, D-49304 Melle.

Adressen

Bundesverband für fachgerechten Natur- und Artenschutz (BNA), Postfach 1110, D-76707 Hambrücken.

Deutsche Gesellschaft für Herpetologie und Terrarienkunde e.V. (DGHT), Geschäftsstelle, Postfach 14 21, D-53351 Rheinbach.

Österreichische Gesellschaft für Herpetologie (ÖGH), Naturhistorisches Museum in Wien, Burgring 7, A-1014 Wien.

Schildkröten-Interessensgemeinschaft Schweiz (SIGS), Schulweg 17, CH-4852 Rothrist.

Verband Deutscher Vereine für Aquarien- und Terrarienkunde e.V. (VDA), Geschäftsstelle, Luxemburger Str. 16, D-44789 Bochum.

Verlag Schildkröte, Postfach, CH-4467 Rothenfluh.

Bildquellen

Kuhn, Regina, Stuttgart: Seite 2, 6, 10, 28, 58, 70, 71, 74, 76, 77, 78, 79, 80, 81 (2), 82 (Röntgenbild Archiv Dinkel), 83, 88, 89, 90 oben.

Praschag, Reiner, Graz, Österreich: Umschlagbild, Seite 1, 4/5, 7, 12/13, 18, 19, 20 (2), 21 (2), 22 (2), 23, 24/25, 26 (2), 32, 34, 35, 36, 37 (2), 38, 39, 42/43, 48, 52/53, 63, 64, 65 (2), 72/73, 85, 90 unten.

Die Zeichnungen fertigte Christiane Gottschlich, Berlin, nach Vorlagen des Autors.

Haftung

Die in diesem Buch enthaltenen Empfehlungen und Angaben sind vom Autor mit großer Sorgfalt zusammengestellt und geprüft worden. Der Pfleger von Terrarientieren sollte jedoch bedenken, dass er in eigener Verantwortung handelt. Der Autor und der Verlag übernehmen keinerlei Haftung.

Die Deutsche Bibliothek – CIP-Einheitsaufnahme
Ein Titeldatensatz für die Publikation ist bei der
Deutschen Bibliothek erhältlich

ISBN 3-8001-4916-8

Wollgrasweg 41,
70599 Stuttgart (Hohenheim)
E-Mail: info@ulmer.de
Internet: www.ulmer.de
Printed in Germany
Lektorat: Dr. Eva-Maria Götz, Karen Kühl
Herstellung & DTP: Thomas Eisele
Druck und Bindung: Appl, Wemding

Hier erfahren Sie noch mehr.

Diese umfassenden Fachbücher sind spezifisch für alle Terrarianer zur optimalen Haltung und Pflege von Amphibien und Reptilien geschrieben. Sie enthalten die neuesten Literaturhinweise und ein Gesamtverzeichnis weiterführender Fachliteratur. Nahezu jede Art ist mit einem Foto abgebildet.

Die Terrarientiere Band 1. *Schwanzlurche und Froschlurche. Günther Nietzke. 4. Auflage 1989. 276 Seiten, 101 Farb- und 16 sw-Fotos, 82 Zeichnungen. ISBN 3-8001-7178-3.*

Terrarientiere Band 2. *Schildkröten, Brückenechsen und Echsen. Günther Nietzke. 4. Auflage 1998. 366 Seiten, 196 Farbfotos, 39 Zeichnungen. ISBN 3-8001-7179-1.*

Terrarientiere Band 3. *Krokodile und Schlangen. 2002. Günter Nietzke. 375 S., 129 Farbfotos, 29 Zeichnungen, 6 Verbreitungskarten. ISBN 3-8001-7459-6.*

Dieser Band über Schildkröten im Terrarium faßt eingehende Kenntnisse und die langjährigen eigenen **Erfahrungen des Autors** bei der Haltung und Pflege von über 200 Schildkrötenarten zusammen. Es geht vor allem darum, den Schildkröten in der Obhut des Menschen ein **Höchstmaß an naturgemäßer Pflege** in Terrarien zu bieten. Der Autor gibt auch alle Hinweise, die für **erfolgreiche Nachzuchten** notwendig sind. Ergänzend dazu wird über neuere Haltungserfahrungen und Zuchtergebnisse anderer Terrarianer aus aller Welt berichtet.

Zum Autor: Gerhard Müller befaßt sich seit Jahrzehnten mit der Haltung und Zucht von Schildkröten.

Schildkröten. *Land-, Sumpf- und Wasserschildkröten im Terrarium. Gerhard Müller. 3. Auflage 1995. 238 Seiten, 100 Farbfotos, 28 Zeichnungen. ISBN 3-8001-7334-4.*